JN098528

これ一冊で十分！

理美容事業者が知っておくべき税金の知識

税理士・公認会計士
永井圭介 著

中央経済社

まえがき

　本書は，理容師，美容師，マッサージ師，エステティシャン，ネイリストなどの仕事に就いている方（以下，「理美容師等」といいます）向けに，税金の基本的な部分について網羅的に解説した入門書です。特に，独立してフリーランスとして仕事を行っている方や，店舗を構えてオーナーとして仕事を行っている方（以下，「理美容事業者」といいます），およびそれらの予備軍の方向けの内容になっています。

　フリーランスになると，まず立ちはだかるのが税金の問題です。

　というのも，今の学校教育には，税金のことはもちろんお金に関する授業というのはほとんどなく，また，理美容師等になるための国家資格などを取得する際にも，税金やお金に関するカリキュラムは全く組まれていません。
　つまり，本業の技術面以外の税金やお金のことを学ぶ機会がなく，独立して突然それらの問題が立ちはだかるので，ほとんどの理美容師の方々が苦労するのも当然のことといえます。税金やお金のことは，誰も教えてくれないため，自分で勉強しなければならないのです。
　さらに，知り合いにすでに独立している人がいたとしても，なかなか税金やお金のことは聞きづらいという方も多いのではないでしょうか。それらの話は，個人の収入の話も絡んでくるので，デリケートな部分であり，なかなか他人に教えたくないという人も多いからです。

　もちろん，昨今のインターネット社会を前提とすれば，ある程度，ネ

ット上で検索すれば知識を習得することも可能ですが，税金のルールは非常に細かく，難しい面があるので，誤った情報が非常に多いのも事実です。また，税制改正は頻繁に行われるため，古い情報も横行しているネットの情報をそのまま鵜呑みにするのは非常に危険です。

　学んだことがないからよくわからない，では通用しないのが税金という制度です。

　正確な内容で期限までに確定申告を行わなければ，容赦なくペナルティが課せられる可能性があります。お店に勤務していて，給料をもらっているうちはなかなか想像がつかないかもしれませんが，独立するとお金の管理はすべて自分で行わなければならず，確定申告書を間違えたり，提出期限に遅れたりして，痛い目にあって初めて厳しい現実を知るという方は非常に多いです。本書は，そんな人を1人でも減らしたいという思いから企画されました。

　また，店舗を構えてある程度の規模で事業を行うようになると，顧問税理士に経理・税務を依頼するケースが多いですが，ある程度税金の知識がないと税理士への「丸投げ」状態となってしまい，どのように税金が計算されているのかわからず，「なぜそんなに税金が高いの？」という疑問などが絶えないことになります。

　同様に，税金の知識がなければ，税務調査の際に国税調査官の言いなりになってしまい，どんどん税金が持っていかれるという事態にもなりかねません。何より，いくら利益が出て，いくら税金がかかっているかということを把握できる知識がないと，事業活動に関する意思決定が難しくなります。

　つまり，自己防衛のためにも最低限の税金の知識は必須なのです。

　ところが，いざ税金の勉強をし始めようと税金に関する書籍を読んでみると，わからない用語ばかりでちんぷんかんぷん……。というのも，税金に関する書籍は専門性が高いものばかりで，初心者向けのものがあまりないのです。また，初心者向けの書籍は，フリーランスの Web デザイナ，エンジニア，不動産オーナー向けのものが多く，理美容事業者向けのものはほとんど存在しません。

　昨今の動向として，働き方が多様化しており，さまざまな業種でフリーランスとして働く人が増えています。企業の従業員として雇用契約を結んで仕事を行うことは，安定している，福利厚生が充実しているなどの利点はありますが，他方で過酷な労働環境が強いられていたり（いわゆる「ブラック企業」），パワハラなどの問題が起きやすいといえます。また，最近は一か所に縛られたくないという意識を持つ人が増えていることも，フリーランスという働き方が浸透していることの背景にあるかと思われます。

　理美容師等について，その傾向はより顕著です。一般的に，人気の職業である理美容師等は，どうしても労働環境や待遇が悪い方向に働きやすく，離職率が高いのが現状です。一方で，いわゆる「手に職」の仕事であることから，必ずしも1つの職場で「雇われ」として働き続けても，顧客さえ自分で獲得すれば従業員として働いた場合にもらえる水準の収入を得ることは可能で，うまくいけば大幅な収入増加を見込むこともできます。さらに，ある程度の顧客基盤ができれば，店舗を構えて事業展開をすることも可能です。

　顧客の獲得の方法や従業員を採用した際の組織化については，実践がモノをいう世界ですが，税金に関しては書籍で勉強したり，正確な情報を集めたりすることで，ある程度必要な知識は得られます。

　本書は，理美容事業者にとっての税金の入門書となるべく，税金の基本的な話から，節税の方法，さらには税務調査の対応までを網羅的に解説しています。初心者にもわかりやすいように，なるべく平易なことばを使って書き上げました。

　本書を通じて，1人でも多くの理美容師等および理美容事業者の不安が解消され，税金に関する理解が深まり，安心して本業に専念できるようになれれば幸いです。

2021年12月

永井圭介

目　次

第16章　税理士との正しい付き合い方

第 1 章
税金のしくみを
ざっと眺めてみましょう

本章では，税金のしくみについて，基本的な部分を
解説します。ここで解説するのは，そもそもなぜ税
金というしくみがあるのか，という実務的ではない
お話ですので，読み飛ばしていただいても差支えあ
りません。
本章の内容に興味がない，という方は次の第2章か
ら読み始めていただければと思います。

14

1　なぜ税金を納めなければならないのでしょうか？

　突然ですが，「国民の三大義務」はご存知でしょうか？
　なんとなく小中学生の頃に学んだな，と思われている方も多いかと思います。

> ● 教育の義務
> ● 勤労の義務

　そして，

> ● 納税の義務

です。
　これらの義務は，あらゆる法律の頂点に立つ憲法という法律にしっかりと定められているのです。つまり，これら3つの義務は国家を運営するにあたって必要不可欠である，ということを意味します。
　このように，納税は国家から国民へのいわば命令のような形で定められています。
　法律で定められてる，だけでは納得しない人も多いかと思います。そこで，税金の必要性について日本の「お財布事情」から説明したいと思います。**図表1−1**をご覧ください。
　これは令和元年度の国の一般会計の決算の概要を示したものです。
　一般会計とは社会保障（年金給付，医療費，社会的弱者の保護等），地方交付税等（地方自治体への配分），公共事業（道路・港湾整備等）など行政の基本的な活動に関する収入（歳入）と支出（歳出）を示すも

図表1－1　令和元年度一般会計歳入・歳出決算の概要

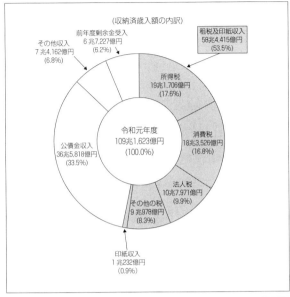

(収納済歳入額の内訳)

前年度剰余金受入
6兆7,227億円
(6.2%)

その他収入
7兆4,162億円
(6.8%)

租税及印紙収入
58兆4,415億円
(53.5%)

所得税
19兆1,706億円
(17.6%)

令和元年度
109兆1,623億円
(100.0%)

消費税
18兆3,526億円
(16.8%)

公債金収入
36兆5,818億円
(33.5%)

法人税
10兆7,971億円
(9.9%)

その他の税
9兆978億円
(8.3%)

印紙収入
1兆232億円
(0.9%)

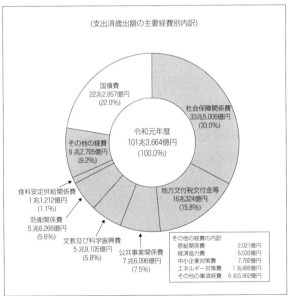

(支出済歳出額の主要経費別内訳)

国債費
22兆2,857億円
(22.0%)

社会保障関係費
33兆5,006億円
(33.0%)

その他の経費
9兆2,795億円
(9.2%)

令和元年度
101兆3,664億円
(100.0%)

食料安定供給関係費
1兆1,212億円
(1.1%)

防衛関係費
5兆6,266億円
(5.6%)

地方交付税交付金等
16兆324億円
(15.8%)

文教及び科学振興費
5兆9,105億円
(5.8%)

公共事業関係費
7兆6,096億円
(7.5%)

その他の経費の内訳
恩給関係費　　　　 2,021億円
経済協力費　　　　 6,533億円
中小企業対策費　　 7,792億円
エネルギー対策費　 1兆486億円
その他の事項経費　 6兆5,962億円

(出所) https://www.mof.go.jp/policy/budget/budger_workflow/account/fy2019/
kessan_01_ippann.pdf

のです。

　収入である歳入の合計約109兆円のうち，約54％にあたる58兆円以上が税金でまかなわれています。このことからも，国民の税金がなければ行政の活動の大部分を行えないことがわかるでしょう。

　税収がなければ，現在は3割以下となっている医療費の負担が8割，9割になる可能性があり，国民は満足な医療を受けることもできなくなってしまいます。さらに，子供に十分な義務教育を受けさせることもできなくなり，自衛隊を十分に整備することができず国家の安全保障が脅かされる，といったさまざまな問題が発生する可能性もあります。

　また，税金は「所得の再配分」という機能があります。所得の再配分は，現代の日本における資本主義を前提とすれば，どうしても大企業や高額所得者に富が集中してしまうため，貧富の格差を是正するために行われるもので，具体的には所得が多い企業や個人に多くの税負担を課し，低所得者などの社会的弱者に富を配分するということです。税金という制度を適切に整備することにより，所得の再配分が実現されます。

　以上のように，税金というしくみは国家を運営する上でなくてはならない制度なのです。

2　"税金は取れるところから取る！"　これが基本的な考え方です

　それでは税金はどのように徴収することが望ましいのでしょうか？読者の皆さんが税金の法律を作る政治家だとして，どのような徴収方法が最も国民の反感を買わない方法といえるのか考えてみてください。

　仮に，所得に関係なく全国民から所得の30％ずつ徴収する規則を作ったとしましょう。一見平等にも思えます。しかし，年所得100万円の人は30万円徴収され手取りは70万円，年所得1億円の人は3,000万円徴収

図表1－2　所得金額階級別世帯数の相対度数分布

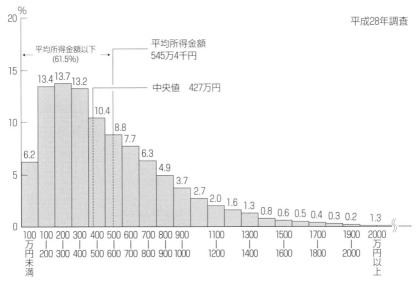

注：熊本県を除いたものである。（以下，略）

（出所）https://www.mhlw.go.jp/toukei/saikin/hw/k-tyosa/k-tyosa19/dl/03.pdf

されたとしても，なお7,000万円も手取りが残ることになります。手取り70万円ではなかなか生活をやりくりするのは難しい一方，7,000万円の手取りがあればかなりの贅沢ができることになります。よって真の意味で平等とはいえないでしょう。また，**図表1－2**の棒グラフをご覧ください。

　図表1－2は所得金額ごとの世帯数の分布を表したもので，その金額にある世帯が全体の何%いるかを示しています。**図表1－2**の中央値（世帯年収を低い順に並べたときに，ちょうど真ん中に来る値のこと）が427万円であり，全世帯のうち半分がこの水準以下の所得となっています。このような状況で全国民一律の税率とする法案を作ってしまえば，選挙で勝てないどころか全国でデモや暴動が絶えないかもしれません。

　そうではなくて，高額所得者に高い税率を適用する，というほうが多

くの国民の理解を得ることができるでしょう。高額所得者からは反発されますが，高額所得者というのは棒グラフのとおり圧倒的少数なので多数決を前提とする選挙に敗れることはありません。

　そこで，「税金は取れるところから取る」つまり高額所得者から取るという考え方が主流であり，日本のみならず多くの国で採用されている考え方となっています。わが国の所得税の税率は下表のようになっており，年所得4,000万円超の部分は，所得税だけで45％もの税金が課せられることになります。

〈所得税の税率〉

課税所得金額	税　率
195万円以下	5％
195万円超330万円以下	10％
330万円超695万円以下	20％
695万円超900万円以下	23％
900万円超1,800万円以下	33％
1,800万円超4,000万円以下	40％
4,000万円超	45％

　さらに，別途住民税が10％課せられますので，合わせて55％の税金が課せられます（厳密には復興特別所得税が2037（令和19）年まで所得税の2.1％かかりますが，説明を簡潔にするため本書では割愛します）。

〈住民税の税率〉

内　訳	税　率
市区町村民税	6％
都道府県民税	4％
合　計	10％

　所得税については，上記のとおり，所得が多くなるほど段階的に高い税率により税額が計算されますが，所得○○万円の場合に一律○％の税率が適用される，というわけではなく，**所得の水準に応じて一定額を超過した分に高い税率が乗じられていきます**。これを「超過累進課税」（一定金額を“超過”した分について，“累進”的に高い税率が適用される“課税”方法）といいます。

　例えば，所得が2,000万円であれば，

195万円×5％＋（330万円－195万円）×10％＋（695万円－330万円）×20％＋（900万円－695万円）×23％＋（1,800万円－900万円）×33％＋（2,000万円－1,800万円）×40％＝520万4千円

というように所得税が計算されます。ただ，実際の計算では上記のように長い算式では煩雑なので，以下の税率表が一般的には適用されます。

課税所得金額	税　率	控除額
195万円以下	5％	0円
195万円超 330万円以下	10％	97,500円 （＝0円＋195万円×10－5）％)
330万円超 695万円以下	20％	427,500円 （＝97,500円＋330万円×（20－10）％)
695万円超 900万円以下	23％	636,000円 （＝427,500円＋695万円×（23－20）％))
900万円超 1,800万円以下	33％	1,536,000円 （＝636,000円＋900万円×（33－23）％)
1,800万円超 4,000万円以下	40％	2,796,000円 （＝1,536,000円＋1,800万円×40－33)％)
4,000万円超	45％	4,796,000円 （＝2,796,000円＋4,000万円×（45－40）％

**「控除額」を適用することにより，簡単に所得税を計算すること
ができます**。先ほどの所得2,000万円を例に計算すると，

2,000万円×40％－2,796,000円＝520万４千円

と，先ほどと同じ結果になっていることが確認できます。

　たまに，１円でも超えたら一律高い税率が適用されると考えている方
がいらっしゃいますが，そうすると所得1,800万円の場合と，1,800万１
円の場合を比較した場合，1,800万１円の場合のほうが手取り（税金が
引かれた後の収入）が少なくなってしまうというおかしな結果になって
しまいますよね。

　以上の考え方は，所得という「もうけ」に対して課税される所得税や
法人税の考え方の基本ですが，「財産」に対して課税される場合もあり
ます。代表的なものが相続税です。

　相続税は相続により財産を取得した人に課される税金です。相続税は
「相続により財産がもらえたのだから，税金を払ってくださいね」とい
う意味合いがあります。2017（平成29）年以降，相続税が課税される財
産の最低額（基礎控除額）が引き下げられ，相続税が課税される割合が

図表１－３　相続税の課税割合の推移

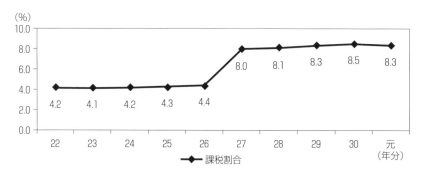

（出所）https://www.nta.go.jp/information/release/kokuzeicho/2020/sozoku_
　　　shinkoku/pdf/sozoku_shinkoku.pdf

増えたものの，相続税を払わなければならないケースは全体の8.0〜8.5
％程度です（**図表1−3**）。

　9割以上の被相続人について相続税が発生していないことから，相続
税についても一部の資産家（富裕層）から多くの税金を徴収している構
造になっています。

　税金のことをきちんと理解したり，節税を考える際には「税金は取れ
るところから取る」という基本的な考えがあることを念頭においてくだ
さい。

3　税法と税金の種類

　所得税に，住民税，固定資産税，自動車税，たばこ税，いろいろな税
金が取られているな……。そのように感じている方も多いと思います。
これら税金のルールはどこに存在するのでしょうか？

　それは法律，俗にいう「税法」になります。よく税法という言葉を耳
にされるかと思いますが，税法という名前の法律が存在するわけではあ
りません。

　税金は大きく国税（国により課される税金）と地方税（都道府県や市
区町村によって課される税金）に分けられますが，国税はおおむね税金
の種類ごとに法律が存在します。例えば，所得税は所得税法という法律
に，法人税は法人税法に，消費税は消費税法に具体的な定めがあります。

　一方で，地方税は地方税法という法律に集約されています。現在，国
税と地方税合わせて50種類程度の税金が存在します。ただし，このうち
全部を把握する必要はありません。われわれ税理士も仕事で扱うのはせ
いぜい10数種類程度です。国税，地方税で主なものは次ページ表のとお
りです。

〈税金の納付先による分類〉

区　分	納付先	具体例
国税	国	所得税，法人税，相続税，贈与税，消費税，自動車重量税，印紙税
地方税	都道府県	事業税，自動車税，不動産取得税
	市区町村	市区町村民税，固定資産税

　ご参考までに，何に対して税金がかかるかという課税の対象による税金の分類を整理すると下表のようになります。

〈課税の対象による分類〉

課税の対象	具体例
所　得	所得税，法人税
財　産	相続税，贈与税
消　費	消費税，酒税，ゴルフ場利用税
流　通	自動車重量税，印紙税，不動産取得税

　さまざまな局面で税金がかかっていることがわかるかと思います。

　ところで，新たに国民に税金を課すためには法律を作らなければなりません。これを「租税法律主義」といいます。法律によらない課税は認められません。

　そして，法律が厄介なのは，「解釈」が複数生まれる可能性がある点です。そのため，日々さまざまな裁判が起こされているのです。

　税法での解釈に争いが生じた場合にはなにが起こるのでしょうか？裁判に勝ったか負けたかで税金を払う義務が生じるか，払わないで済むかといったことが生じてしまいます。本当に厄介です。

　そこで，解釈の余地が生じないように，膨大に税法の規定を作ればよいかというとそうではありません。というのも，法律というのは細かく

し過ぎると，それをくぐり抜けようとする人が必ず出てくるからです。よって，ある程度の解釈の余地があるほうが却って望ましいとされるのです。

　この「**解釈の余地**」**というのが税金とうまく付き合う上で大事な考え方となってきます**ので，第2章以降も念頭においてください。

第1章のまとめ

- ● 税金は憲法にも定められている，国家運営の基礎となるもの
- ● 税金は取りやすいところ，取っても反感が少ないところから取るもの
- ● さまざまな税金は種々の税法で定められており，所々解釈の余地がある

第 2 章
確定申告ってなに？

業種を問わず，フリーランスになると避けて通れないのが確定申告。何となく聞いたことはあるけど，よくわからない……。

そんな方のために，本章では確定申告の基本を解説します。確定申告は，年末調整との違いや住民税との関連を把握することで理解が深まりますので，その辺りも簡潔に説明します。

Ⅰ　確定申告を行う必要がある場合

　確定申告とは，自分の1月から12月までの所得を計算して，申告することをいいます。わが国において，個人の所得税は「申告納税方式」という方式が採用されており，各人が自分で自分の所得を申告するということが基本となっています。つまり，自己申告で税金を計算して，納税することになっているのです。

　サラリーマンとしてしか働いたことがない人は，確定申告をやったことがないという人も多いかと思います。というのも，後ほど解説する**年末調整**という手続きを行えば，ほとんどの人は確定申告をする必要がありません。

　確定申告をしなければならない人，つまり確定申告の義務がある人は主に次のとおりです。

---

① 　主な勤務先から給与をもらっており，その他に副業を行っており，副業の所得が20万円を超える場合

② 　複数の勤務先から給与をもらっていて，主な勤務先以外からもらっている給与所得が20万円を超える場合

③ 　給与収入が2,000万円を超える場合

④ 　事業所得や不動産所得がある事業者で，所得がプラスとなった場合

⑤ 　公的年金等の収入金額が400万円超で，所得がプラスとなった場合

　これらに当てはまる人は，税金の精算が済んでいないなどの理由によ

り確定申告をしなければなりません。

　そもそも，所得税は確定申告の時に全額納める，というわけではなく，定期的に納めているケースが多いのです。そうしないと，人によっては多額の税金となって，払えない人が出てくるためです。定期的に納める具体的なケースとして，代表的なものは以下のとおりです。

- 給与などからの源泉徴収
- 予定納税

　源泉徴収に関しては，馴染みのある方も多いのではないでしょうか。毎月の給与から天引きされる所得税のことですね。この源泉徴収された所得税，つまり源泉所得税は，所得税の前払いとなっているのです。毎月の給与から天引きして，勤務先が本人に代わって納税しています。

　一方で，予定納税は前年の確定申告における税額が一定以上の場合に，1年間で2回（原則として7月と11月）税金の前払いを行わなければならないというものです。一般的にサラリーマン理美容師等が予定納税の対象となることは少なく，理美容事業者で一定額以上の所得税額を申告した人が対象となります。予定納税も，源泉所得税と同様，所得税の前払いとなります。

　確定申告を行う場合は，1年間の源泉所得税及び予定納税の合計額が，最終的に確定した税額より差し引けることになるのです。最終的に確定した税額よりも，前払いした所得税である源泉所得税及び予定納税の合計額のほうが多ければ，確定申告によって多い分が還付されるという仕組みです。

　一方で，確定申告の義務はないけど，**確定申告を行う権利があり，確定申告を行うことで納税者にとって有利となる，つまり税金の**

還付などを受けられるケースというのがあります。具体的には以下のような場合です。

---

⑥　一定金額以上の医療費を支払った場合

⑦　ふるさと納税などの寄附を一定額以上行った場合

⑧　マイホームを購入・増改築した場合

⑨　年の途中で退職し，年末まで収入を得ていない場合

⑩　事業で赤字が出た場合

⑪　年末調整ができなかった場合や書類の提出漏れがあった場合

　これらの場合は，先ほどの①～⑤などに該当しなければ，確定申告をしなくてもよいのですが，確定申告を行うことでその年分で税金の還付を受けることができたり，将来に損失を繰り越すことができます。

　⑥～⑧については**第9章**で詳しく解説しますが，確定申告において，それぞれに該当する支出などがあった場合に申告することによって，税金を減らすことができます。

　⑨については，年の途中で退職した後に転職していなかったり，他に収入を得ていなければ税金の精算が済んでいないため，確定申告を行うことにより税金の還付を受けられる場合があります。

　⑩については，主に理美容事業者についてですが，事業が赤字である場合は確定申告を行わなくてもよいのですが，**第3章**で解説する青色申告を行っていれば，その赤字を将来3年間にわたり繰り越すことができ，将来の黒字と相殺して税金を減らすことができる可能性があります。

　⑪については，勤務先で年末調整を行ってもらっているけど，何らかの理由で年末調整ができなかった場合や，年末調整で求められていた生命保険料控除証明書の提出が漏れてしまった場合です。改めて，確定申告を行うことにより税金の還付を受けられることがあります。

2　所得の種類

　以上のように，確定申告は個人の所得を計算して，自己申告すること
をいいますが，そもそも「所得」とは具体的には何を指すのでしょうか。
　実は，個人の所得は以下のように，10種類もあるのです。

所得の種類	内　容
利子所得	預貯金の利子や公社債の利子
配当所得	株式や出資金の配当金
不動産所得	土地・建物，借地権などの貸付による所得（事業所得または譲渡所得に該当するものを除く）
事業所得	事業から生ずる所得（不動産所得や山林所得に該当するものを除く）
給与所得	勤務先から受ける給料，賞与などの所得
退職所得	勤務先から受ける退職手当などの所得
山林所得	山林を伐採して譲渡したり，立木を譲渡することによって得られる所得
譲渡所得	土地，建物，株式，固定資産などの譲渡によって得られた所得
一時所得	上記のいずれの所得にも該当しないもので，対価性のない一時の所得（具体的には，懸賞や福引の賞金品，競馬や競輪の払戻金など）
雑所得	上記の所得のいずれにも該当しない所得（公的年金等の所得や副業による所得など）

　確定申告にあたっては，これらの所得を集計しなければなりませんが，
勤務先から給料をもらっている理美容師等（以下，「勤務理美容師等」）
については給与所得が，理美容事業者については事業所得が所得のメイ
ンとなります。

　投資用不動産などを所有している人は，不動産所得が発生します。土地・建物や車の譲渡があった場合は，譲渡所得が発生します。本業以外に副業を行っていたり，暗号資産（仮想通貨）の売買を行っていれば雑所得が発生します。その辺りを押さえておけば，他はほとんど気にする必要はありません。

　そして，上記の各所得は，他の所得と合算した金額から所得控除が差し引かれた金額に税率が掛けられて税額が計算される「総合課税」の対象になるものと，他の所得とは合算されずに各所得ごとに決められた税率が掛けられて税額が計算される「分離課税」の対象になるものに分けられます。具体的には以下のとおりです（主な所得のみ）。

総合課税	事業所得，不動産所得，配当所得（申告分離課税を選択したもの以外）給与所得，雑所得，譲渡所得（土地・建物・株式等以外），一時所得
分離課税	配当所得（申告分離課税を選択したもの），譲渡所得（土地・建物・株式等），退職所得

　実際には，配当所得について申告不要な場合があったり，雑所得でも分離課税となるものがあったり，上記よりもさらに細かい分類がなされますが，本書では割愛させていただきます。

　総合課税に分類される所得については，合算したうえで税額を計算することとなり，分離課税に分類される所得はそれぞれ単独で税額が計算されることとなります。

3　所得控除と税額控除

　所得税の計算にあたっては，各種所得を合計した金額がそのまま課税対象となるわけではなく，一定の場合には**所得控除**と**税額控除**を受けることができます。所得控除について，代表的なものは以下のとおりです。

名　称	所得控除を受けるための要件
医療費控除	医療費を一定額以上負担した場合
社会保険料控除	社会保険料や雇用保険料などを負担した場合
生命保険料控除	生命保険料などを負担した場合
地震保険料控除	地震保険料などを負担した場合
寄附金控除	ふるさと納税を行った場合や一定の寄附を行った場合
障害者控除	本人や配偶者・家族などが所得税法上の障害者に該当する場合
寡婦控除	本人が寡婦である場合
ひとり親控除	本人がひとり親である場合
配偶者控除	控除対象配偶者がいる場合
扶養控除	控除対象扶養親族がいる場合
基礎控除	本人の合計所得金額が一定金額以下の場合

　所得控除を差し引いた後の課税所得に税率が掛けられて税金が計算されるため，（所得控除の金額×税率）に相当する金額について，所得税を減らしてくれる効果があります。

　一方で税額控除は，課税所得に税率が掛けられて計算された税額を減らしてくれるもので，代表的なものは以下のとおりです。

名　称	税額控除を受けるための要件
配当控除	配当所得を総合課税で申告した場合
住宅借入金等特別控除（住宅ローン控除）	住宅ローン等を利用してマイホームの新築，取得または増改築等を行った場合

　特に住宅ローン控除は多額になることが多く，税額を大幅に減らしてくれることもあります。なお，税額控除は課税所得に税率が掛けられて計算された税額から控除されるものです。住宅ローン控除については，**第9章**で詳しく解説します。

4　確定申告はどうやって行うの？

　以上，確定申告の基本的な要素である各種所得，所得控除および税額控除を解説しましたが，確定申告はどうやって行うのでしょうか？　本書では細かい確定申告書の書き方は省略させていただき，どのような書類を提出するか，どうやって提出するかに焦点を当てます。

　確定申告書は第一表から第五表までありますが，多くの方に関係あるのは第一表から第三表です。

第一表	所得や所得控除・税額控除のまとめの位置づけで，この第一表を見るとその人の所得と税額がわかる
第二表	第一表の金額の詳細を記載するもの
第三表	分離課税の対象となる所得・税額を記載するもの

　なお，第一表と第二表には，書式様式が異なるA書式とB書式があります。

確定申告書A	申告する所得が給与所得や公的年金等・その他の雑所得，配当所得，一時所得のみで，予定納税額のない場合に使用できる書式
確定申告書B	所得の種類にかかわらず，あらゆる場合に使用できる書式

　どちらで確定申告書を作成すればいいかわからないという方はBで作成しておけば問題ありません。BはAの内容を全て含むものだからです。

　そして，事業所得や不動産所得がある人は，確定申告書だけではなく，決算書を作成する必要があります。具体的には，青色申告の方は青色申告決算書，白色申告の方は収支内訳書の作成が必要です（青色申告については**第3章**で解説します）。

確定申告書の提出方法ですが，以下の3つがあります。

---

①　e-Tax による提出（電子送信）

②　紙で作成し，税務署へ郵送

③　紙で作成し，税務署へ持参

　国としては，①を推奨しているため，青色申告者に対する特典である青色申告特別控除の最大額が，①だと65万円，②か③だと55万円といった違いがあります。よって，青色申告を行う方は①によったほうがよいでしょう。ただし，e-Tax を行うためには事前準備が必要であり，多少パソコンの操作に慣れている必要があります。e-Tax については**第7章**で解説します。

　また，②と③についても，以下の方法があります。

Ⅰ　国税庁が無償提供している「確定申告書等作成コーナー」により作成し，プリントアウトする。

Ⅱ　会計ソフトの確定申告書作成機能などを利用して作成し，プリントアウトする。

Ⅲ　確定申告書の用紙を，国税庁のホームページからダウンロードするか，税務署にて入手し，手書きで作成する。

　Ⅰは無料で確定申告書を作成できますが，会計ソフトよりも使い勝手の面で劣ります。Ⅱについては，会計ソフトを使用している事業所得者や不動産所得者が通常選択する方法です。というのも，事業所得や不動産所得がある人は上述のとおり決算書を作成する必要があり，会計ソフトに確定申告書の作成機能が備わっていれば，決算書の結果を確定申告

書に取り込むことができるためⅡを選択することが多いです。

　一方で，事業所得や不動産所得がない人が，確定申告書を作成するためだけに会計ソフトを使用することは，コストパフォーマンスが悪いと思います。

　パソコンが苦手という方は，Ⅲの方法で確定申告書を作成したほうが早いでしょう。

5　年末調整との違い

　ここまで確定申告について見てきましたが，勤務理美容師等の方は，勤務先にて年末調整を行ってもらっていたかと思います。この年末調整とは何でしょうか？　また，確定申告と年末調整はどのような関係があるのでしょうか？

　まず，年末調整は，給与所得者の税金を「年末」に「調整」して確定させる手続きをいいます。一定額以上の給与を支給される人は，給与から源泉所得税が控除されますが，源泉所得税はその年の所得税の前払いであり，この源泉所得税は概算で計算されます。

　この概算額というのは，その人の給与が1年間変わらないとの前提で計算された金額です。通常は1年間を通じて給与額は変動するため，1年間で確定した税金と，源泉所得税の1年間の合計額とは一致しません。この一致しない分について，過不足分を精算するために年末調整が行われます。

　なお，年末調整の際に，以下の所得控除・税額控除については適用を受けることができます（主な項目のみ）。

- ●配偶者控除・配偶者特別控除
- ●扶養控除

- 生命保険料控除
- 地震保険料控除
- 小規模企業共済等掛金控除
- 社会保険料控除
- 障害者控除
- ひとり親控除・寡婦控除
- 住宅ローン控除（2年目以降）

　よって，年末調整の際に上記控除を受けることにより，税額を減らすことができます。そして，毎月の給与から源泉徴収される所得税額はこれらを想定した金額ではないため，この部分からも，1年間の確定した税額と源泉徴収された税額合計に差が生じるのです。

　言い換えれば，年末調整とは簡易版の確定申告になります。比較的簡単に税額の調整ができる給与所得者については，勤務先が年末調整を行って従業員の税金を精算しなければならない，というのがわが国の制度なのです。

　年末調整の対象となる人は，主に次のとおりです。

勤務先に扶養控除等申告書を提出している人（甲欄適用者）で，
①　1年を通じて勤務している人
②　年の途中で就職し，年末まで勤務している人
③　年の途中で退職した人で，12月の給与が支給された後に退職した人
④　退職者で本年中の給与総額が103万円以下の人（退職後，本年中に他の勤務先から給与の支払いを受ける見込みがある場合を除く）

一方で，年末調整は年末（12月31日）を待たずに行う手続きであることから，その時期に税金の精算を行うことが難しい場合などは，原則に立ち戻り本人が精算を行う，つまり翌年に確定申告を行うこととなります。

所得控除のうち，年末調整での適用を受けることができず，確定申告を行わなければならない所得控除・税額控除は以下のとおりです。

- 医療費控除
- 寄附金控除
- 住宅ローン控除（1年目）

勤務理美容師等の方も，これらの控除を受けたい場合は確定申告を行う必要があります。

6　住民税も申告するの？

ここまで所得税の確定申告と年末調整について見てきましたが，所得税は**第1章**で述べたとおり，国税つまり国に納める税金です。

もう1つ，私たちは住民税を都道府県と市区町村に納めなければなりません。ちなみに，東京23区の住民税を特別区民税・都民税といい，その他の地域の住民税を市町村民税・都道府県民税といいます（例えば，神奈川県横浜市の場合は，市民税・県民税といいます）。

年末調整や所得税の確定申告を行っている場合，住民税申告は不要です。というのも，勤務先からは各従業員が住んでいる市区町村へ給与支払報告書という各従業員の給与情報が記載された書類が送られ，確定申告の結果は税務署から，同じく市区町村へ転送されるためです。

ただし，以下の場合などは住民税の確定申告が必要です。

> ①　主な勤務先から給与をもらっており，その他に副業を行ってお
> り，副業の所得が20万円以下であるため，所得税の確定申告を行
> っていない場合
> ②　確定申告を行ったが，上場株式等の配当所得・譲渡所得等につ
> いて，所得税と異なる課税方式を選択する場合

　①の，確定申告が必要な場合について，所得税と住民税で基準が異な
るため要注意です。本業以外の副業による所得が20万円以下だったとし
ても，住民税の申告は必要です。この点についてはあまり知られておら
ず，住民税の確定申告をしていないという人も多いのが実情です。

　②については，上場株式等の配当所得・譲渡所得等は，所得税の申告
において申告不要とすることができるものの（「申告不要制度」といい
ます），損益通算や繰越控除を行うために確定申告を行うといった場合
に検討する必要があるものです。
　つまり，上場株式等の配当所得・譲渡所得等を所得税の確定申告にお
いて申告し，その結果が住民税の計算に反映されてしまうと，国民健康
保険料が増額してしまうことがあります。そこで，住民税では申告不要
制度を選択することで，国民健康保険料の増額を防ぐことができます。
　ただし，令和3年度税制改正において，令和3年分以後の確定申告書
を令和4年1月1日以後に提出する場合には，納税者の手間を省くため
の措置が講じられることとなります。
　具体的には，住民税において，上場株式の配当等及び上場株式の譲渡
等に係る所得の全部について源泉分離課税（申告不要）とする場合に，
原則として，所得税の確定申告書の提出のみで申告手続きが完結できる
よう，確定申告書において住民税に係る課税方法に関する記載を行えば，

38

所得税の課税方法と異なる課税方法を住民税の申告において選択できることができるようになります。この点は少し難しいので，気になる方は市区町村の窓口に聞いてみるとよいでしょう。

第 2 章のまとめ

- ● 確定申告は，行わなければならない場合と行ったほうがよい場合がある
- ● 所得には10種類あり，総合課税・分離課税に分類され，所得控除・税額控除が適用されることにより所得税が計算される
- ● 年末調整や確定申告を行うことにより，１年間の税金が精算される

第 3 章
できたらしたい，青色申告

本章では青色申告について解説します。「青色申告という方法で税金の申告を行うとメリットがあるみたいだけど，なぜ？」青色申告ということばは一度は聞いたことがある方も多いかと思いますが，そのようになかなかピンとこない方も多いのではないでしょうか。

ちなみに，青色申告は事業所得がメインの所得である理美容事業者向けのお話です。給与所得の申告について，青色申告というのはありませんので，勤務理美容師の方は今後フリーになる際のご参考までにお読みください。

1 なぜ「青色」といわれているの？

　そもそもなぜ「青色」なのでしょうか。青色ということばが気になるという人向けの豆知識です。もしご興味があれば軽く読んでいただければ十分で，興味がないという方は次節に進んでください。

　話は戦後までさかのぼりますが，昭和24年（1949年），日本はGHQ（連合国軍最高司令官総司令部）の占領下にありました。GHQの総司令官であったダグラス・マッカーサー氏は，日本における税制の整備のため，コロンビア大学の教授であったカール・シャウプ博士を中心とする使節団を招き入れました。

　それに応じてシャウプ使節団は日本の税制を調査し，いくつかの提言を行いました。それが税金の歴史に関する文献によく出てくる「シャウプ勧告」です。シャウプ勧告の内容は数多くあるのですが，その1つに「申告納税制度」を充実すべきというものがありました。

　戦前の日本は，行政府が一方的に国民の税金を決めてしまう「賦課課税方式」を採っていましたが，効率的な税の徴収のため，自らが税の申告を行う申告納税方式の普及を目指したのです。

　一方で，申告納税方式のもと，きちんと帳簿を付けている納税者には恩典を与えるべきとされ，次節でご紹介するいくつかのメリットが与えられることとなりました。シャウプ博士は，その際の申告書の用紙の色を「曇りのない青空のような色にしよう」と考え，青色の用紙で申告がされることになりました。これが「青色」申告の由来です（諸説あります）。

　青色申告に対して「白色申告」という申告方法がありますが，これは

正式な税法上の用語ではなく，青色申告に対する通称のようなものです。白色申告は，青色申告以外の申告を指し，税務上のメリットを受けることができない確定申告書は通常の白色の用紙が使用されていたことからこのような呼び名となりました。

　なお，現在では所得税の青色申告書の用紙は青色ではなく，名前だけが残りました。ちなみに法人税の申告書の別表一（一番最初のページ）は今でも青色の用紙が使われます。

2　青色申告のメリット

　青色申告を行うことによるメリットについて，主なものをいくつかご紹介します。

(1)　青色申告特別控除

　第一に，青色申告を行うことにより一定額の所得を減らすことができます。これを「青色申告特別控除」といいます。

　青色申告特別控除は，事業所得，不動産所得及び山林所得に適用され，複数の所得がある場合は，不動産所得の金額，事業所得の金額，山林所得の金額から順次控除します。なお，所得が青色申告特別控除の金額に満たない場合は，その所得の金額が上限となります。

　具体的には，帳簿の付け方のレベルに応じて，55万円または10万円の所得を減らすことができます。55万円の控除を受けるための要件は以下のとおりです。

---

　① 　複式簿記による記帳を行っていること（複式簿記については次
　　 節で解説します）
　② 　貸借対照表および損益計算書を確定申告書に添付していること

③　確定申告書を法定申告期限内に提出すること

　所得が山林所得のみの場合は10万円の控除となります。なお，55万円の控除を受けられる場合，e-Tax により電子申告などを行えばさらに控除額が10万円上乗せされ，65万円の控除を受けることができます。

(2)　青色事業専従者給与

　次に，家族へ支払った給与を経費にすることができる「**青色事業専従者給与**」というものがあります。

　個人の理美容事業者は，配偶者などの家族に事務などの仕事を手伝ってもらう場合もあるかと思います。その際，本来は同一生計の家族へ支払った給与は経費にすることはできません。これは，本人と家族の財布が実質的に同じと考えられるからです。同じ財布の中でお金が動いただけでは，たとえ「給与」名目であったとしても経費として認めませんよ，という趣旨です。

　ただし，青色申告の特典として，そのような生計を一にする家族へ支払った給与も経費として認めましょう，というのが青色事業専従者給与です。

　ここで税金に与える効果を考えてみましょう。家族への給与を経費にした場合になぜ節税につながる可能性があるのでしょうか？

　答えは，Yes です。ある程度の所得がある理美容事業者を前提とすれば，収入が少ない同一生計の家族へ給与を支払うことにより本人の所得を減らすことができ，代わりにその家族の所得が増えて税金がかかるとしても，本人の所得に適用される税率よりも，通常は低い税率が適用されるため節税になります。言い換えれば，家族へ支払った給与の分，一体で考えれば税率を引き下げることができるということです。

　なお，青色事業専従者給与の要件としては他に，1年のうち半分を超えた期間について専念して仕事を行っていること（「専従者（専ら従事する）」給与であるため），その家族が15歳以上であること，そして本章の**4**で述べる届出を行うことが挙げられます。

　注意点としては，家族への給与が経費として認められるといってもあまりに高額な給与は経費として認められません。この辺りは税務調査で「これだけの仕事でこんなに給与を支払っているのですか？　給与の金額が高額過ぎます」と指摘を受けやすい部分でもあります。

　また，家族を青色事業専従者とした場合，その家族については扶養控除を受けることができなくなります。青色事業専従者給与と扶養控除の二重取りは認めません，ということです。

(3)　少額減価償却資産の特例

　さらに，青色申告者にはうれしい特典があります。

　本来は10万円以上のもので複数年にわたり使用できるパソコン，理美容機器，椅子・机などを購入した場合には，その年に全額経費とすることができず，複数年にかけて経費にすることになりまが，青色申告を行えば，30万円未満のものについては，購入した年に全額経費として認められます。これを「**少額減価償却資産の特例**」といいます。これにより，今年は利益（所得）が多くでそうだな，という場合には30万円未満のものを購入することにより所得の圧縮につなげることができます。

(4)　純損失の繰越控除

　青色申告の最後のメリットとして，事業所得で赤字が出てしまった場合に，赤字を3年間繰り越すことができます。これを，「**純損失の繰越控除**」といいます。

　理美容事業者は開業した当初は赤字続きということもあるかと思いま

すが，赤字を将来の黒字と相殺することができるようになります。具体的な例を挙げます。

年　度	各年度の所得
第1期	300万円の赤字
第2期	200万円の赤字
第3期	100万円の赤字
第4期	700万円の黒字

　このような場合，本来は第4期の税金は700万円の黒字（所得）をもとに税金が計算されますが，純損失の繰越控除を適用すれば，所得は

$$700万円－300万円－200万円－100万円＝100万円$$

と計算することができます。つまり，黒字が出た場合，過去3年以内の赤字を今期の経費とすることができるのです。

3　青色申告は何をしなければならないの？

　本章の1で述べたとおり，青色申告は帳簿をきちんと付けるかわりに，税務上のメリットを与えようという制度でした。それでは「帳簿ときちんと付ける」というのはどういうことでしょうか？

　これは，前節の青色申告特別控除のうち，55万円または65万円の控除を受ける場合を前提とすると，帳簿を「複式簿記」により付けるということを意味します。

　複式簿記を理解する前提として，「単式簿記」という帳簿の付け方を簡単にご紹介します。単式簿記とは取引の1つの側面のみに着目して記帳を行う方法です。家計簿をイメージしていただければわかりやすいか

と思います。例えば以下のような記帳方法です。

日　付	摘　　要	収　入	支　出
4月1日	預金からの引出	1,000	
4月2日	事務用品の購入		300
4月3日	商品の売上	1,500	
4月3日	タクシー代の支払		800

　単式簿記は，非常に簡単でわかりやすい記帳方法ではありますが，いくつか問題点があります。まず，このような記帳方法では年末における現金の残高をすぐに読み取ることはできません。

　また，預金についても同様で，通帳を見なければ預金の残高がわかりません。さらに，事業活動のために借金をしてお金を調達した場合，借入金を記帳する手段がありません。つまり，現金や預金などの財産（＝資産），借入金のような債務（＝負債）の残高が把握できないのです。

　そこで，考え出されたのが1つの取引を2つの側面から記帳しましょうという「複式簿記」です。2つの側面を「借方（かりかた）」と「貸方（かしかた）」に記帳する方法です。具体例を挙げます。4月3日の2つの取引を複式簿記で記帳した場合には，

日　付	借　　方		貸　　方	
4月3日	現　　金	1,500	売　　上	1,500
4月3日	旅　　費	800	現　　金	800

となります。取引を帳簿に記録することを「仕訳」といいます。「借方」と「貸方」の名称にあまり意味はないと考えていただいて問題ありませ

ん。「借方」＝左側，「貸方」＝右側と覚えていただければ十分です。

　現金，売上，旅費などを「勘定科目」といい，勘定科目を集計することにより1年間における旅費などの経費の合計や，売上の合計を把握することができるのに加えて，複式簿記では現金や預金などの財産がいくら残っているかを把握することができます。

　なお，複式簿記はもちろん，単式簿記でも，原則として取引が発生した場合に仕訳を記帳する必要があります。このような仕訳の考え方を「発生主義」といい，発生主義に基づく会計を「発生主義会計」といいます（それに対して，取引の発生時には記帳せず，現金の入出金があった場合にのみ記帳する考え方を「現金主義」といいます）。

　発生主義会計によれば，例えば4月4日に100の商品を売り上げ，代金決済は後日とした場合には，

日　付	借　　　方		貸　　　方	
4月4日	売　掛　金	100	売　　　上	100

という仕訳が記帳されることになります。「売掛金」は現金ではないものの，お客さんに後日代金を請求できるという「権利」であり，現金同様に会計上は財産（資産）として扱われます。

　勘定科目には数多くの種類がありますが，必ず5要素（資産，負債，資本，収益，費用）のどれかに分類されることになります。具体例としては以下のとおりです。

勘定科目の分類	勘定科目の具体例	借方/貸方	表示される決算書
資　産	現金，預金，売掛金，商品，建物	プラスの場合は借方/マイナスの場合は貸方	貸借対照表
負　債	借入金，買掛金	プラスの場合は貸方/マイナスの場合は借方	
資　本	元入金，所得	プラスの場合は貸方/マイナスの場合は借方	
収　益	売上，雑収入	プラスの場合は貸方/マイナスの場合は借方	損益計算書
費　用	給与，旅費，消耗品費，家賃，交際費，水道光熱費	プラスの場合は借方/マイナスの場合は貸方	

　なんとなく難しいと感じるかもしれませんが，会計ソフトを使えば簡単に複式簿記を行うことができるので，ぜひチャレンジしてみてください。会計ソフトに仕訳を入力していくと，勘定科目は自動的に5要素（資産，負債，資本，収益，費用）に集計され，資産，負債，資本の3要素は「貸借対照表」という決算書に，収益，費用の2要素は「損益計算書」という決算書へ集約され，財産・債務の計算，所得（利益）の計算ができるようになります（貸借対照表と損益計算書のイメージは次ページの**図表3-1**）。

　5要素のそれぞれがプラスの場合に借方と貸方のどちらに記帳されるか，マイナスの場合に借方と貸方のどちらに記帳されるかさえつかんでおけば，あとは会計ソフトがきちんと集計してくれます。

図表3−1　貸借対照表と損益計算書のイメージ

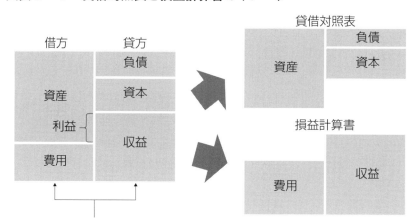

複式簿記なので借方の合計と
貸方の合計は必ず一致する

　55万円または65万円の青色申告特別控除を受けるには，貸借対照表の作成が必須ですが，会計ソフトにより記帳していけば通常は作成することができます。

　また，このような複式簿記によれば，取引が起きれば必ず何らかの仕訳が記帳されることになるので，取引の一部を除外するといった不正が起きにくいといわれています。不正が起きにくい記帳方法を行う見返りとして，青色申告のメリットを与えましょう，ということともいえます。

4　青色申告を行うための事前の届出

　なお，青色申告を行うために，確定申告書の提出のときになって急に「青色申告します」と言っても認めてもらえません。事前の届出が必要です。

　青色申告が認められる具体的な要件については，原則としてその年の3月15日までに「青色申告承認申請書」を税務署へ提出すれば，その年の申告より青色申告が認められることとなります。例えば，2022（令和4）年の3月15日までに青色申告承認申請書（**図表3−2**）を提出することに

図表3－2　青色申告承認申請書

税務署受付印

| | | 1 0 9 0 |

所得税の青色申告承認申請書

_____ 税務署長

_____年_____月_____日提出

納　税　地	○住所地・○居所地・○事業所等（該当するものを選択してください。） （〒　　－　　） （TEL　　－　　－　　）
上記以外の 住　所　地・ 事　業　所　等	納税地以外に住所地・事業所等がある場合は記載します。 （〒　　－　　） （TEL　　－　　－　　）
フリガナ 氏　名		生年月日	○大正 ○昭和 ○平成 ○令和　年　月　日生
職　業		フリガナ 屋　号	

令和_____年分以後の所得税の申告は、青色申告書によりたいので申請します。

1　事業所又は所得の基因となる資産の名称及びその所在地（事業所又は資産の異なるごとに記載します。）

　　名称_____　所在地_____

　　名称_____　所在地_____

2　所得の種類（該当する事項を選択してください。）

　　○事業所得　・○不動産所得　・○山林所得

3　いままでに青色申告承認の取消しを受けたこと又は取りやめをしたことの有無

　(1)　○有（取消し・取りやめ）_____年___月___日　(2)　○無

4　本年1月16日以後新たに業務を開始した場合、その開始した年月日　_____年___月___日

5　相続による事業承継の有無

　(1)　○有　相続開始年月日_____年___月___日　被相続人の氏名_____　(2)　○無

6　その他参考事項

　(1)　簿記方式（青色申告のための簿記の方法のうち、該当するものを選択してください。）

　　　○複式簿記・○簡易簿記・○その他（　　　　　　　　　　）

　(2)　備付帳簿名（青色申告のため備付ける帳簿名を選択してください。）

　　　○現金出納帳・○売掛帳・○買掛帳・○経費帳・○固定資産台帳・○預金出納帳・○手形記入帳
　　　○債権債務記入帳・○総勘定元帳・○仕訳帳・○入金伝票・○出金伝票・○振替伝票・○現金式簡易帳簿・○その他

　(3)　その他

| 関与税理士
（TEL　　－　　－　　） | 税務署整理欄 | 整理番号
0 | 関係部門連絡 | A | B | C |
| | | 通信日付印の年月日
　　年　　月　　日 | 確認 | | | |

（出所）　https://www.nta.go.jp/taxes/tetsuzuki/shinsei/annai/shinkoku/pdf/h28/10.pdf

より，2022（令和 4 ）年分の申告，つまり2023（令和 5 ）年 2 月16日から 3 月15日の間に提出すべき確定申告書から青色申告を行うことができます。

　なお，その年に新規開業した場合には，事業開始の日から 2 か月以内に届出を行えば，その年の申告より青色申告が認められます。2021年の12月に開業した場合でも，2020年分の申告を青色申告で行うためには2020年 3 月15日までに届出を行わなければならないとすると，すでに期限は過ぎてしまっています。こうした開業の時期で不利益を被らないような配慮がなされています。

5　青色申告の取消し

　青色申告では，気をつけなければならないことが他にもあります。それは，いったん前節の届出を行い青色申告が承認されても，取り消される場合があるということです。
　青色申告はきちんと帳簿を付けており，きちんと申告をした人に認められるものであるため，帳簿書類の著しい不備や，不正があった場合には取り消されることがあるのです。具体的には以下のようなケースです。

- 帳簿書類の備付け，記録，保存がきちんと行われていない場合
- 税務調査において，帳簿書類の開示を拒否した場合
- 帳簿書類において，多額の隠蔽や偽装（いわゆる脱税）があった場合

6　白色申告と青色申告は，どう違う？

　本章の最後に，白色申告について簡単に解説します。

　白色申告は，青色申告ではない申告方法を指し，青色申告と比較して簡単に行える申告方法というイメージがあることから，未だに多くの小規模事業者に選択されています。というのも，2013（平成25）年12月31日以前は，その年の前々年分または前年分の事業所得や不動産所得の金額の合計額が300万円以下の白色申告者は，記帳義務がなかったのです。それ以前から事業を行っている事業者は，そのイメージが強いのか，白色申告は楽に確定申告が行えると考えていたようです。

　ところが，2014（平成26）年1月以降については，すべての白色申告者に記帳義務が課されることとなり，一定の所得以下の人は記帳を行わなくてよいという白色申告の大きなメリットはなくなりました。よって，白色申告はデメリットでしかないという言い方もされます。

　ただし，白色申告の記帳は単式簿記でよく，備えおくべき帳簿としては，収入金額や必要経費を記載した帳簿があればよく，青色申告よりも記帳が簡単であることは確かです。また，帳簿の記載方法についても，1日の取引の合計額を記載していればよいケースもあるなど，一部簡易な方法による記帳も認められています。よって，若干ではありますが，白色申告にもメリットはあります。

　むしろ，青色申告のメリットを享受できないという人は，白色申告を選択したほうが楽に確定申告を行えて，時間を省略することができるため，得するということもあり得ます。具体的には，以下のような場合は白色申告でも損をしないということになります。

- 今年分および来年分以降3年以上，事業所得などの赤字が続く見込みである場合
- 専従者の対象となる人がいない場合

これらを考慮して，青色申告と白色申告のいずれを選択するべきか，

検討してみてください。

7　複式簿記による記帳を行う自信がない人は……

　ここまでお読みいただいて,「複式簿記って難しそうだな……」その
ように思った方もいらっしゃるかもしれません。そんな方のために,簡
単に青色申告を行える記帳方法として,「簡易簿記」と「現金式簡易簿
記（現金主義による所得計算の特例)」が用意されています。

　これらを採用した場合は,複式簿記を行う必要はなく,単式簿記での
記帳を行えばよいことになります。よって,複式簿記を行うまでのステ
ップとして,選択するのもよいでしょう。ただし,これら2つの方法を
採用した場合は,55万円または65万円の青色申告特別控除を受けること
はできず,10万円までの控除となります。

　簡易簿記と現金式簡易簿記については,第5章第1節で解説します。

第3章のまとめ

- 青色申告を行えば,課税所得金額を最大65万円減らすことができる,家族への給与が経費として認められるなどのメリットが与えられる
- 55万円または65万円の青色申告特別控除を受けるには,すべての取引を5要素に分類して2つの側面から記帳する複式簿記による記帳を行わなければならない
- 青色申告を行うには事前の届出が必要であり,一定の場合にはペナルティとして取り消される場合もある
- 限られた場合ではあるが,白色申告でも損をしないケースがある

第 4 章
記帳のしかたを身に付けよう

第3章では，青色申告の場合の記帳方法である複式
簿記について簡単に触れましたが，この章では複式
簿記について詳しく解説します。
記帳については，あまりに不備が多いと万が一税務
調査が入った場合に，青色申告が取り消されるなど
のペナルティが課せられる可能性もあるので，正し
い記帳方法を理解してください。

I　記帳において必要な項目・必要な帳簿

　第3章において，仕訳の形を簡単に説明しましたが，最低限，以下のように記帳することが必要です。

　例えば，令和3年1月10日に100のAシャンプーをお客さんがクレジットカードでお買い上げした場合の仕訳は次のようにします。

取引年月日	借　方		貸　方		摘　要
①令和3年 4月4日	②売掛金	③100	④売上	⑤100	⑥Aシャンプー／ ⑦中央経子さんへ 売上

　仕訳の必要な構成要素として，

```
①　取引年月日
②　借方勘定科目
③　借方金額
④　貸方勘定科目
⑤　貸方金額
⑥　取引相手
⑦　取引内容
```

などの情報を記載します。①～⑤は正確に記載する必要がありますが，⑥と⑦はある程度簡略化しても問題ありません。

　なお，「帳簿」としては，上記の仕訳のみでは不足していて，青色申告において55万円または65万円の控除を受けるためには，以下の帳簿が必要です。

帳簿名	内　容
仕訳帳	すべての取引を発生日付順に記録する帳簿で，借方・貸方の勘定科目および金額が記載されたもの
総勘定元帳	勘定科目ごとにすべての取引を発生日付順に記録する帳簿
現金出納帳	現金の入出金を日付順に記録する帳簿
売掛帳	得意先ごとに掛売りや売掛金の回収を記録する帳簿
買掛帳	仕入先ごとに掛買いや買掛金の支払を記録する帳簿
経費帳	仕入以外の費用について勘定科目ごとに記録する帳簿
固定資産台帳	個々の減価償却資産についての取得，減少，減価償却の状況などを記録する帳簿

　冒頭で挙げた仕訳の例については，仕訳帳に該当します。その他に上記の総勘定元帳以下の帳簿を備える必要があります。

　帳簿がたくさんあって大変そうだな……と思われた方も多いでしょう。しかし，会計ソフトを使用すれば，仕訳の結果は他の帳簿にも自動で転記されるので，それほど大変ではありません。もっとも，会計ソフトを使用しても固定資産台帳については，仕訳とは別途入力しなければならないケースは多いです。

　また，上記の帳簿のうち該当がないものは作成する必要はありません。例えば，掛売りや掛買いがない場合は，売掛帳・買掛帳は不要です。

2　勘定科目ってなにがある？

　仕訳では必ず借方・貸方ともに勘定科目を記載しなければなりませんが，どの勘定科目を選択すればよいかよくわからないという方も多いかと思います。

　よく出てくる収益・費用に係る勘定科目は以下のとおりです。

勘定科目	具体例
売上高	本業（理美容師ならヘアカットなど）の収益
雑収入	本業以外の収益
仕入	顧客へ販売する目的で保有するシャンプー，トリートメントなど
租税公課	事業税，固定資産税，自動車税，印紙代
荷造運賃	宅配便の費用
水道光熱費	水道代，電気代，ガス代
旅費交通費	電車代・新幹線代，タクシー代，宿泊費
通信費	電話代，切手代，はがき代，インターネット利用料
広告宣伝費	新聞・雑誌への広告掲載料，DMなどの作成費用
接待交際費	営業上の必要な相手との飲食代，中元・歳暮，慶弔に関する費用
損害保険料	建物の火災保険料，車両の損害保険料
修繕費	建物，理美容機器，備品，車両の修繕のための費用
消耗品費	顧客に使用するための理美容材料代，タオル，事務用品，10万円未満の備品・理美容機器の購入費
減価償却費	固定資産の取得価額のうち当期の経費として計上した分
福利厚生費	慰安旅行・懇親会の費用，従業員の食事代
給料賃金	従業員の給料・手当，賞与
外注工賃	他の理美容師等への委託費
利子割引料	借入金の利息
地代家賃	土地・建物の賃借料
支払手数料	リベートの支払，振込手数料
リース料	理美容機器やコピー機のリース代
会議費	店舗内での打ち合わせや営業上の必要な相手との打ち合わせの際に支出した飲食代
新聞図書費	新聞，雑誌，書籍などの購入費
専従者給与	青色事業専従者給与
車両費	車両に関する費用
雑費	上記のいずれにも当てはまらない費用

　税務調査を考えた場合，

- 総額のバランスを考えてなるべく細かく分類すること
- 雑費はなるべく使用しないこと

が重要です。

　例えば，すべての飲食代を接待交際費に分類したところ，１年間の接待交際費が膨大な金額になってしまった，というようなことはよくあるかと思います。その場合には，「接待」とはいえない程度の外部関係者との昼食代で，ミーティングを行った際にかかったものは「会議費」に振り分けたり，従業員との飲食代は「福利厚生費」に振り分けたり勘定科目を細かく分類します。

　また，「勘定科目がよくわからないからとりあえず雑費に分類しよう」というのも望ましくありません（みなさんが税務調査官だったとして疑いたくなりませんか？）。そのような観点からもなるべく雑費は避け，具体的な勘定科目へ振り分けることが重要です。多少誤りがあっても，経費の総額および所得の総額は変わらないので，ペナルティを受けることはありません。安心して分類することで経費のムダ遣いも見えてきます。

3　仕訳帳の摘要欄にはなにを書けばいい？

　仕訳帳の摘要欄についても悩まれる方は多いことでしょう。記帳の手間を省くために，なるべく仕訳帳の作成は簡単に済ませたい，または記載自体を省略したいと考えている方もいるかもしれません。日付と金額の記載は当然として，通常は仕訳帳の摘要欄に以下の項目を記載していれば十分です。

- 取引相手の氏名または名称
- 取引対象となる資産または役務の内容

例えば，タクシー代（旅費交通費）でしたら「○○タクシー株式会社
△△訪問の際のタクシー代」，お歳暮代でしたら「××百貨店　□□様
へのお歳暮代」と記載します。

ただし，上記２項目の記載が必要なのは，消費税について仕入税額控
除を受ける場合（**第11章２**参照）です。消費税の免税事業者や，課税事
業者であっても簡易課税制度を選択している場合はそこまで詳しく記載
していなくても問題ありません。ただし，摘要欄を空欄にしてしまうと
税務調査が入った際の心証が悪くなるので，できるだけ詳細に記載した
ほうがよいでしょう。

第４章のまとめ

- ● 仕訳として，取引年月日・勘定科目・金額・取引相手・取引内容などを記載する必要がある
- ● 青色申告特別控除を最大限に受けるためには，複数の帳簿の作成が必要だが，会計ソフトを使用すれば固定資産台帳を除くすべての帳簿へ仕訳の結果が転記される
- ● 勘定科目を選択する際は，なるべく１つに偏りがないようにしたほうがよい
- ● 記帳にあたり勘定科目・摘要欄はそれほど神経質にならなくてよいものの，仕入税額控除（第11章で解説）を受ける場合や接待交際費・会議費については注意が必要

第 5 章
フリーランスになるときの届出

　勤務理美容師等から，理美容事業者として独立する
場合，1人で個人事業主として独立するのであれば，
前職を退職し「今日からフリーランスです」と心の
中で思えば，独立を果たすことができます。
　ただし，税務署などに書類を届け出たほうがよい場
合や，届け出なければ損をしてしまうケースがある
ので，個人事業に関する届出についてはきちんと行
っておきましょう。
　この章では，主に個人事業主の届出について解説し
ます。

1　税務署への届出

　税務署は，所得税や法人税などの国税に関する徴収や事務などを行う役所です。個人の所得税は，納税地（自宅や事業所の所在地）を管轄する税務署に申告などを行うことになります。そして，個人事業主として独立した場合の所得税に関する届出も，税務署に対して行うことになります。主な届出書には以下のものがあります。

(1)　個人事業の開業届出書

　個人事業の開業届出書は，「個人事業主として独立しました」ということを税務署へ知らせるための書類です。

　正確な書類の名称は，「個人事業の開業・廃業等届出書」です（**図表5－1**）。個人事業を廃業する場合などの届出も兼ねているため，そのような名称になっています。よって，開業の際は，開業に関する事項のみ記載すれば問題ありません。

　提出期限は開業日から1月以内となっていますが，遅れてもペナルティは特にありません。提出しなくても，同様にペナルティはありません。ただし，個人事業を行っていることの証明になりますので，提出しておいたほうがよいでしょう。例えば，国などへ給付金を申請する場合に，開業届出書の提出が求められることがあります。

図表5－1　個人事業の開業届出書

税務署受付印

| | | | | 1 | 0 | 4 | 0 |

個人事業の開業・廃業等届出書

＿＿＿＿＿＿＿　税務署長

＿＿＿年＿＿月＿＿日提出

納　税　地	○住所地・○居所地・○事業所等(該当するものを選択してください。) (〒　　－　　　)
	(TEL　　－　　　－　　　)
上記以外の 住所地・ 事業所等	納税地以外に住所地・事業所等がある場合は記載します。 (〒　　－　　　)
	(TEL　　－　　　－　　　)
フリガナ 氏　　　名		生年月日	○大正 ○昭和 ○平成 ○令和　　年　月　日生
個人番号			
職　　　業		フリガナ 屋　　号	

個人事業の開廃業等について次のとおり届けます。

届出の区分	○開業(事業の引継ぎを受けた場合は、受けた先の住所・氏名を記載します。) 　住所　　　　　　　　　　　　　　　　　　氏名 　事務所・事業所の(○新設・○増設・○移転・○廃止) ○廃業(事由) 　(事業の引継ぎ(譲渡)による場合は、引き継いだ(譲渡した)先の住所・氏名を記載します。) 　住所　　　　　　　　　　　　　　　　　　氏名	
所得の種類	○不動産所得・○山林所得・○事業(農業)所得〔廃業の場合……○全部・○一部(　　　　)〕	
開業・廃業等日	開業や廃業、事務所・事業所の新増設等のあった日　　　年　　月　　日	
事業所等を 新増設、移転、 廃止した場合	新増設、移転後の所在地	(電話)
	移転・廃止前の所在地	
廃業の事由が法 人の設立に伴う ものである場合	設立法人名	代表者名	
	法人納税地	設立登記　　　年　　月　　日
開業・廃業に伴 う届出書の提出 の有無	「青色申告承認申請書」又は「青色申告の取りやめ届出書」	○有・○無
	消費税に関する「課税事業者選択届出書」又は「事業廃止届出書」	○有・○無
事業の概要 できるだけ具体 的に記載します。		

給与等の支払の状況	区　分	従事員数	給与の定め方	税額の有無	その他参考事項
	専従者	人		○有・○無	
	使用人			○有・○無	
	計			○有・○無	
	源泉所得税の納期の特例の承認に関する申請書の 提出の有無		○有・○無	給与支払を開始する年月日　　年　月　日	

関与税理士 (TEL　　－　　　－　　　)	税務署整理欄	整理番号	関係部門 連絡	A	B	C	番号確認	身元確認
		0						□ 済 □ 未済
		源泉用紙交付	通信日付印の年月日 　　年　月　日	確認	確認書類 個人番号カード／通知カード・運転免許証 その他(　　　)			

62

(2) 青色申告承認申請書

　青色申告を行うために，事前に提出しなければならない書類が，青色申告承認申請書です（**図表5－2**）。

　青色申告承認申請書は，その年の3月15日までに提出しなければなりませんが，その年の1月16日以後事業を開始した場合は，事業開始から2月以内が提出期限となります。例えば，

> ① 2022（令和4）年の1月7日に開業した場合は，2022（令和4）年3月15日が提出期限となります。
> ② 2022（令和4）年の4月3日に開業した場合は，2022（令和4）年6月2日が提出期限となります。

　提出期限に遅れると，その年の確定申告は白色申告によらなければならないので，要注意です。

　青色申告特別控除の55万円または65万円を受けるためには，その他参考事項（下図）の「簿記方式」は複式簿記を選び，備付帳簿名は，現金出納帳，売掛帳，買掛帳，経費帳，固定資産台帳，預金出納帳，総勘定元帳，仕訳帳を選んでください。

```
6　その他参考事項
(1) 簿記方式（青色申告のための簿記の方法のうち、該当するものを選択してください。）
    ◎複式簿記・◎簡易簿記・◎その他（　　　　　　　　）
(2) 備付帳簿名（青色申告のため備付ける帳簿名を選択してください。）
    ○現金出納帳・○売掛帳・○買掛帳・○経費帳・○固定資産台帳・○預金出納帳・○手形記入帳
    ○債権債務記入帳・○総勘定元帳・○仕訳帳・○入金伝票・○出勤伝票・○振替伝票・○現金式簡易帳簿・○その他
```

図表5−2　青色申告承認申請書

税務署受付印	所得税の青色申告承認申請書	1 0 9 0

_____ 税務署長

_____年_____月_____日提出

納税地	○住所地・○居所地・○事業所等（該当するものを選択してください。） （〒　−　　） (TEL　　−　　−　　)
上記以外の 住所地・ 事業所等	納税地以外に住所地・事業所等がある場合は記載します。 （〒　−　　） (TEL　　−　　−　　)
フリガナ 氏　　名	生年月日 ○大正 ○昭和 ○平成 ○令和　年　月　日生
職　　業	フリガナ 屋　号

令和____年分以後の所得税の申告は、青色申告書によりたいので申請します。

1　事業所又は所得の基因となる資産の名称及びその所在地（事業所又は資産の異なるごとに記載します。）

　名称_____　所在地_____

　名称_____　所在地_____

2　所得の種類（該当する事項を選択してください。）

　○事業所得　・○不動産所得　・○山林所得

3　いままでに青色申告承認の取消しを受けたこと又は取りやめをしたことの有無

　(1)　○有（○取消し・○取りやめ）　____年___月___日　　(2)　○無

4　本年1月16日以後新たに業務を開始した場合、その開始した年月日　　____年___月___日

5　相続による事業承継の有無

　(1)　○有　相続開始年月日　____年___月___日　被相続人の氏名_____　　(2)　○無

6　その他参考事項

　(1)　簿記方式（青色申告のための簿記の方法のうち、該当するものを選択してください。）

　　○複式簿記・○簡易簿記・○その他（　　　　　　　　）

　(2)　備付帳簿名（青色申告のため備付ける帳簿名を選択してください。）

　　○現金出納帳・○売掛帳・○買掛帳・○経費帳・○固定資産台帳・○預金出納帳・○手形記入帳
　　○債権債務記入帳・○総勘定元帳・○仕訳帳・○入金伝票・○出金伝票・○振替伝票・○現金式簡易帳簿・○その他

　(3)　その他

関与税理士 (TEL　−　−　)	税務署整理欄	整理番号	関係部門連絡	A	B	C
		0				
		通信日付印の年月日　確認 　年　月　日				

　ちなみに，青色申告でも複式簿記を行わない，簡単な記帳方法を選択することもできます。これが，「簡易簿記」と呼ばれるものです。簡易簿記による青色申告を選択する場合は，その他参考事項の「簿記方式」は簡易簿記を選び，備付帳簿名は，現金出納帳，売掛帳，買掛帳，経費帳，固定資産台帳を選びます。記帳方法も単式簿記で行うことができます。

　なお，簡易簿記によった場合は，55万円または65万円の青色申告特別控除を受けることはできず，10万円までの控除となります。

　さらに，青色申告にはもう1つ簡易版があります。それが「現金式簡易簿記」です。この方法によれば，発生主義により会計処理を行う必要はなく，現金主義，つまり現金の入出金があった際に会計処理を行えばよいことになります。備えおくべき帳簿も，現金出納帳と固定資産台帳（固定資産を保有している場合）のみで問題ありません。現金式簡易簿記も，単式簿記によって記帳することができます。

　ただし，簡易簿記と同様，青色申告特別控除額は10万円までとなります。また，その年の前々年分の事業所得の金額および不動産所得の金額（事業専従者給与（控除）の額を必要経費に算入しないで計算した金額）の合計額が300万円以下であることが条件となっています。

　現金式簡易簿記を選択する場合は，通常の青色申告承認申請書ではなく，「所得税の青色申告承認申請書（兼）現金主義の所得計算による旨の届出書」を提出します（**図表5－3**）。

図表5－3　所得税の青色申告承認申請書（兼）現金主義の所得計算による旨の届出書

| 税務署受付印 | | 1 | 1 | 0 | 0 |

所得税の青色申告承認申請書
現金主義の所得計算による旨の届出書

＿＿＿＿＿＿＿＿ 税務署長

＿＿＿年＿＿＿月＿＿＿日提出

納税地	住所地・居所地・事業所等（該当するものを○で囲んでください。） （〒　　－　　） （TEL　　－　　－　　）
上記以外の住所地・事業所等	納税地以外に住所地・事業所等がある場合は記載します。 （〒　　－　　） （TEL　　－　　－　　）
フリガナ 氏　名	生年月日　　年　月　日生
職　業	フリガナ 屋　号

　　　＿＿＿＿年分以後の所得税の申告は、青色申告書によりたいので申請します。
　　なお、この申請が認められた場合は、不動産所得及び事業所得の金額の計算について「現金主義による所得計算の特例」の適用を受けることとしたいので、あわせて届けます。

1　事業所又は所得の基因となる資産の名称及びその所在地（事業所又は資産の異なるごとに記載します。）
　　名称＿＿＿＿＿＿＿＿＿＿＿　所在地＿＿＿＿＿＿＿＿＿＿＿＿＿＿＿＿＿
　　名称＿＿＿＿＿＿＿＿＿＿＿　所在地＿＿＿＿＿＿＿＿＿＿＿＿＿＿＿＿＿

2　いままでに青色申告承認の取消しを受けたこと又は取りやめをしたことの有無
　⑴　有（取消し・取りやめ）＿＿＿年＿＿＿月＿＿＿日　　⑵　無

3　本年1月16日以後新たに業務を開始した場合、その開始した年月日　　＿＿＿年＿＿＿月＿＿＿日

4　相続による事業承継の有無
　⑴　有　相続開始年月日＿＿＿年＿＿＿月＿＿＿日　被相続人の氏名＿＿＿＿＿＿＿＿＿＿　⑵　無

5　現金主義による所得計算の特例を受けようとする年の前々年分の所得（前年12月31日現在で記載します。）
　⑴　不動産所得の金額＿＿＿＿＿＿円　＋　事業専従者控除額＿＿＿＿＿＿円　＝　＿＿＿＿＿＿円（赤字のときは0）
　⑵　事業所得の金額＿＿＿＿＿＿円　＋　事業専従者控除額＿＿＿＿＿＿円　＝　＿＿＿＿＿＿円（赤字のときは0）
　⑶　⑴　＋　⑵　＝＿＿＿＿＿＿円

6　現金主義による所得計算の特例の適用を受けようとする年の前年12月31日（年の中途で開業した人は、その開業の日）現在の売掛金、買掛金等の資産負債の額（裏面の記載欄に記載します。）

7　その他参考事項
　⑴　備付帳簿名　現金式簡易帳簿　その他（　　　　　　　）
　⑵　その他

関与税理士 （TEL　　－　　－　　）	税務署整理欄	整理番号		関係部門連絡	A	B	C
		0					
		通信日付印の年月日　　確認 　　　年　　月　　日					

66

売掛金・買掛金等の資産負債の額（　　年　　月　　日現在）			
資　　　産		負　　　債	
売　　掛　　金 （未収入金を含む。）	円	買　　掛　　金	円
受　取　手　形		支　払　手　形	
棚　卸　資　産		前　　受　　金	
前　払　費　用		未　払　費　用	
計		計	

(3)　青色事業専従者給与に関する届出書

　青色事業専従者に対する給与を経費にするために必要な届出書です（**図表5－4**）。提出期限は青色申告承認申請書と同様，その年の3月15日です。その年の1月16日以後事業を開始した場合や新たに専従者がいることとなった場合は，それらの日から2月以内が提出期限となっています。

　この青色事業専従者給与に関する届出書に記載した金額の範囲内でのみ，青色事業専従者に対する給与が経費として認められるため，その金額を下回る場合には全額経費として認められますが，上回った場合はその上回った金額については経費にすることはできません。

　なお，変更する場合は，青色事業専従者給与に関する届出書が変更届を兼ねているので，変更後の金額を記載して，届出書を再度提出することになります。

図表5－4　青色事業専従者給与に関する届出書

税務署受付印	青色事業専従者給与に関する　◉届　　出　　書　　◉変更届出		1 1 2 0

		◉住所地・◉居所地・◉事業所等（該当するものを選択してください。）
	納　税　地	（〒　　－　　） （TEL　　－　　－　　）
＿＿＿＿＿＿　税　務　署　長	上記以外の住　所　地・事　業　所　等	納税地以外に住所地・事業所等がある場合は記載します。 （〒　　－　　） （TEL　　－　　－　　）
＿＿＿年＿＿＿月＿＿＿日提出	フリガナ 氏　　　名	生年月日 ◉大正 ◉昭和 ◉平成 ◉令和　年　月　日生
	職　　　業	フリガナ 屋　号

＿＿＿年＿＿＿月以後の青色事業専従者給与の支給に関しては次のとおり　◉定　　　め　　　た　◉変更することとした
ので届けます。

1　青色事業専従者給与（裏面の書き方をお読みください。）

	専従者の氏名	続柄	年齢 経験 年数	仕事の内容・ 従事の程度	資格等	給　　料		賞　　与		昇給の基準
						支給期	金額（月額）	支給期	支給の基準（金額）	
1			歳 年				円			
2										
3										

2　その他参考事項（他の職業の併有等）　　**3　変更理由**（変更届出書を提出する場合、その理由を具体的に記載します。）

4　使用人の給与（この欄は、この届出（変更）書の提出日の現況で記載します。）

	使用人の氏名	性別	年齢 経験 年数	仕事の内容・ 従事の程度	資格等	給　　料		賞　　与		昇給の基準
						支給期	金額（月額）	支給期	支給の基準（金額）	
1			歳 年				円			
2										
3										
4										

※　別に給与規程を定めているときは、その写しを添付してください。

関与税理士 （TEL　　－　　－　　）	税務署整理欄	整理番号　0　　　　　　　　　関係部門連絡　A　B　C	
		通信日付印の年月日　　確　認 年　月　日	

68

(4) その他の税務署への届出

上記の他，必要に応じて提出を要する書類は以下のとおりです。

届出書名称	内　容	提出期限等
給与支払事務所等の開設届出書	給与等を支払う事務所などを開設した場合に提出する書類（ただし，個人事業の開業届出書を提出する場合は提出不要）	開設の事実があった日から1か月以内
源泉所得税の納期の特例の承認に関する申請書	一定の源泉所得税の納税を年2回とするための届出（給与の支給人員が常時10人未満である場合にのみ認められる）	提出した日の翌月に支払う給与等から適用される
消費税課税事業者選択届出書	免税事業者が課税事業者になることを選択する場合に提出しなければならない書類	適用を受けようとする年が始まる前（事業を開始した年の場合には，その年中）
所得税・消費税の納税地の異動又は変更に関する届出書	転居等により納税地に異動があった場合または住所地に代えて事業所等の所在地を納税地とする場合に提出しなければならない書類	異動の場合は遅滞なく，変更の場合は特に期限はなし
所得税の棚卸資産の評価方法・減価償却資産の償却方法の届出書	棚卸資産の評価方法や減価償却資産の償却方法について，法定評価方法，法定償却方法以外の方法を選択する場合に提出しなければならない書類	開業した年等の確定申告書の提出期限まで

2　都道府県税事務所への届出

個人事業を開業した時には，都道府県税事務所にも，開業したことを知らせる書類を提出します。それが，「事業開始等申告書」（都道府県によって名称は異なります）です（**図表5－5**）。

図表5－5　東京都の事業開始等申告書掲載

第32号様式(甲)（条例第26条関係）

		新（変更後）	旧（変更前）
事務所（事業所）	所 在 地	電話　（　　　）	電話　（　　　）
	名称・屋号		
	事業の種類		

受付印

事業開始等申告書（個人事業税）

事業主住所が事務所（事業所）所在地と同じ場合は、下欄に「同上」と記載する。
なお、異なる場合で、事務所（事業所）所在地を所得税の納税地とする旨の書類を税務署長に提出する場合は、事務所（事業所）所在地欄に○印を付する。

		新（変更後）	旧（変更前）
事業主	住 所	電話　（　　　）	電話　（　　　）
	フリガナ		
	氏 名		

開始・廃止・変更等の年月日	年　　月　　日	事由等	開始・廃止・※法人設立その他（　　　）

※法人設立	所 在 地		法人名称	
	法人設立年月日	年　　月　　日（既設・予定）	電話番号	

東京都都税条例第26条の規定に基づき、上記のとおり申告します。

　　　　　　　　　　　　　　　　　　　　年　　　月　　　日

氏名

都税事務所長
支　庁　長　殿

（日本産業規格A列4番）

備考　この様式は、個人の事業税の納税義務者が条例第26条に規定する申告をする場合に用いること。

（都・個）

これは，主に都道府県民税（地方税）である個人事業税の納税者を把握するための書類です。個人事業税は，一定額以上の所得が発生している個人事業主に課税される地方税で，業種に応じて調整後の所得に対し，税率が掛けられます。税率は，業種に応じて3〜5％です。理美容師等の場合は5％となります。

なお，事業開始等申告書については，提出を忘れてしまっても特にペナルティなどはありません。というのも，税務署へ所得税の確定申告を行った場合，そのデータは都道府県にも送信されますので，都道府県としては個人事業税の納税者を把握できるためです。

3　年金事務所への届出

以下の①または②に該当する事業所は，社会保険（厚生年金保険および健康保険）に加入しなければなりません（「強制適用事業所」といいます）。事業所が社会保険に加入すべき要件を満たした場合には，その事実が発生した時から5日以内に，「健康保険・厚生年金保険 新規適用届」を年金事務所事務センターまたは事業所等を管轄する年金事務所へ提出しなければなりません。

また，個々の従業員について社会保険の適用を受けるために，社員を雇用した日から5日以内に「健康保険・厚生年金保険被保険者資格取得届」を，同じく年金事務所事務センターまたは事業所等を管轄する年金事務所へ提出しなければなりません。

---

① 法人の事業所（代表者1人の法人も場合を含む）
② 従業員が常時5人以上いる個人の事業所（非適用業種を除く）

非適用業種には，理髪店，美容店，エステティックサロン等の理容・

美容の事業が入りますので，個人事業主の理美容事業者は，通常は社会保険に加入する必要はありません。よって，本節は参考までに。

　なお，強制適用事業所に該当しない事業所でも，任意に社会保険の適用事業所となることができます。社会保険の任意適用を受ける事業所を「任意適用事業所」といいます。

　任意適用事業所になるためには，「健康保険・厚生年金保険任意適用申請書」を提出しなければなりません。例えば，個人事業主で従業員を雇用した場合，その従業員が社会保険の加入を希望した場合には，任意適用を検討するようにしましょう。

　なお，個人事業主で社会保険に加入しなければ，国民健康保険に加入することになります。勤務理美容師等で，以前は勤務先の社会保険に加入していて，フリーランスになるときに国民健康保険に切り替える場合は，お住まいの市区町村の役所で国民健康保険の資格取得の届出を行う必要があります。

　また，国民健康保険ではなく「国民健康保険組合」に加入することもできる場合があります。両者は名称が似ているので，間違わないように気を付けてください。国民健康保険組合は，同業種の従事者で組織されるものです。国民健康保険とは保険料が異なったり，給付内容にも差があることもあるので，比較してみることをお勧めします。

　東京都の場合，理美容事業者関連の国民健康保険組合として，「東京理容国民健康保険組合」，「東京美容国民健康保険組合」などがあります。

　なお，以前勤務先で加入していた社会保険に2年程度加入し続けることができる任意継続の制度もあります。任意継続をしたほうが社会保険料を節約することができ，有利と判断される場合は，国民健康保険等で

はなく，任意継続を選択することも検討するとよいでしょう。

4　労働基準監督署・労働局・公共職業安定所 （ハローワーク）への届出

**　従業員を雇用する場合は，労働保険に加入しなければなりません。労働保険は，労災保険と雇用保険の２つから構成されます。**

　労災保険は，労働者の仕事中または通勤途中のケガや業務に起因する病気についての補償を行うものです。１人でも従業員を雇っていれば，必ず労災保険に加入しなければなりません。

　一部任意適用となる業種もありますが，社会保険と異なり，理美容事業者は強制加入です。事業者は，労災保険に加入するために，従業員を雇用した日の翌日から10日以内に「保険関係成立届」を所轄の労働基準監督署に提出します。

　また，従業員を雇用した日の翌日から50日以内に「概算保険料申告書」を所轄の労働基準監督署，都道府県労働局または銀行などへ提出するとともに，その年分の労働保険料の概算額を納付しなければなりません。

　一方，雇用保険とは労働者が失業した場合に失業手当を給付したり，再就職の支援を行うことを目的とした制度です。以下の（1）と（2）双方を満たす従業員を雇い入れた場合は，原則として雇用保険の被保険者となるため，「雇用保険適用事業所設置届」を事業所設置の日の翌日から起算して10日以内に所轄のハローワークへ提出しなければなりません。

⑴　１週間の所定労働時間が20時間以上である場合

⑵　31日以上の雇用見込みがある場合

　また，各従業員を雇用保険の被保険者とするために，雇い入れた日の属する月の翌月10日までに「雇用保険被保険者資格取得届」を所轄のハローワークへ提出しなければなりません。

第5章のまとめ

● 　1人でフリーランスとして仕事を行う場合は税務署への届出だけで足りる

● 　従業員を雇い入れた場合は，社会保険や労働保険の手続が必要な場合がある

● 　社会保険については，個人事業主の場合は選択の余地があるため，自分にとって保険料の納付額が有利となるものを選択するべき

● 　労働保険は従業員を雇用する場合は，強制加入となる

第 6 章
会計ソフトが使えるとよいコト

確定申告は，やろうと思えば手書きでもできてしまいます。ただし，手書きでは面倒で非常に時間がかかってしまいます。

そのために，従来よりさまざまな会計ソフトが多くの製造・販売元（ベンダー）により開発されてきました。本章では，会計ソフトを使用することのメリットを解説したうえで，昔からある会計ソフトに加えて，最新の会計ソフトまでをご紹介します。

ぜひ自分に合いそうな会計ソフトを見つけて，確定申告や経理作業を効率化させてください。

1　会計ソフトでできること

　青色申告を行うためには会計ソフトが必要，そのようなことを耳にしたことがある方は多いかと思います。会計ソフトとは，そもそもどういうもので，何をやってくれるものなのでしょうか？

　会計ソフトの一番のメリットといえば，1回の入力で作成が必要な帳簿に加えて，決算書を作成することができる点です（今の時代は当たり前ですが，昔は1つ仕訳を起こしたら，さまざま帳簿への転記が必要でした）。さらに，会計ソフトを使用すれば，貸借が一致しない仕訳の入力が通常は不可能なので，会計処理の誤りも防ぐことができます。よって，事業所得があり，青色申告を行っている方の多くは会計ソフトを使用しています。

　その他，会計ソフトを使用することによるメリットには，以下のことも挙げられます。

> ● 簿記の知識がなくても経理を行うことができる

　会計ソフトにもよりますが，取引の入力画面が非常にわかりやすく，直感的に入力できる仕様となっているものも多いです。よって，仕訳の「借方」「貸方」がよくわからない場合や，勘定科目として何を選択していいかわからないといった場合でも，入力画面に従うことにより，正確に会計処理を行うことができます。

> ● 各種帳票をもとに，経営分析や予算書の作成を行うことができる

　会計ソフトは，決算や確定申告を行うことにとどまらず，会計ソフト

から生成されるデータをもとに，前年同月との比較を行ったり，月次推移データをもとにした月々の増減分析を行うことができます。

　また，会計ソフトに入力される情報は過去のものではありますが，その情報を加工しやすい形にダウンロードすることにより，将来の情報である予算書を作成することができます。これにより，例えば融資を受ける際に求められる事業計画書を作成するといったことも可能になります。

2　会計ソフトの種類

　会計ソフトには，大きく分けて「インストール型」と「クラウド型」の2種類あります。

　インストール型は，家電量販店やベンダーのサイトなどでパッケージソフトを購入し，パソコンにインストールすることにより使用する会計ソフトです。

　インストール型は，パソコンの中で処理が行われるため，インターネット環境は不要です。また，クラウド型と比較して，処理速度が速いという特徴があります。

　ただし，税制改正等があった場合は，ソフトのアップデートが必要となり，またオフラインであることから，インターネット上の預金の入出金データやクレジットカードの使用履歴のデータなどの取込みを自動で行うことができません。

　一方で，クラウド型はオンライン上で会計処理を行うもので，データもベンダーのサーバ上に保存されます。よって，パソコンへのダウンロードが不要で，ネットバンキングを通じた預金の入出金データの取込みやクレジットカード会社のサイトを通じた使用履歴のデータの取込みが可能です。フィンテック（金融サービスを取り巻く情報技術）の発達により，最近はクラウド型の会計ソフトが注目を集めており，多くのユー

ザーを獲得しています。

　ただし，オンライン上で動くソフトであるため，インターネット環境が不可欠であり，入力の都度サーバにアクセスするので，一般的に処理速度はインストール型と比較して遅いという特徴があります。

　「インストール型」と「クラウド型」のメリット，デメリットをまとめると以下のようになります。

	インストール型	クラウド型
メリット	●ネット環境が不要 ●処理スピードが速い ●必ずしも更新が必要ではなく経済的 ●システム障害が起こりにくい	●インストールや更新が不要 ●Macに対応しているものが多い ●データのやり取りが必要ない ●預金データなどのオンライン取得が可能
デメリット	●インストールやアップデートが手動 ●Macに対応しているものが少ない ●データのやり取りに手間がかかる ●預金データなどの取込みに制限がある	●ネット環境が必須 ●処理スピードが遅い ●料金が毎月または毎年かかる ●時々システム障害が起こる

　「インストール型」と「クラウド型」のそれぞれ代表的な会計ソフトは以下のとおりです。

インストール型	クラウド型
●弥生会計 ●勘定奉行 ●会計王 ●MJSかんたん！会計	●会計freee ●マネーフォワード クラウド会計 ●弥生会計 オンライン ●勘定奉行クラウド

　上記の中でもユーザーが多い，弥生会計，会計 freee およびマネーフォワードクラウドについて，次節以降で解説します。

3　やよいの青色申告・弥生会計

　やよいの青色申告および弥生会計は，老舗会計ソフトベンダーである弥生株式会社が提供するインストール型の会計ソフトです。やよいの青色申告が個人事業主用で，弥生会計が法人用です。長い間，会計ソフトのトップシェアをキープしているだけあって，機能は充実しています。ユーザー層も，個人事業主から上場企業まで，幅広いようです。そのため，あらゆる業種に対応しているノーマルな会計ソフトという印象を持たれているようです。

　従来は，どちらかと言えばある程度簿記の知識がある人向けの会計ソフトでしたが，「かんたん取引入力」などの入力メニューを使えば，初心者でも利用しやすい仕様になっています。また，「プラン」にもより

図表6－1　弥生会計画面

ますが，老舗ならではの充実したカスタマーサポートがあります。よって，操作がわからないといった場合でも，カスタマーセンターに安心して質問することができます。

なお，最新バージョンでは，「スマート取引取込」において紙のレシートや金融機関の取引データ，オンライン請求書データをクラウド経由で自動で取り込み，自動仕訳を行うことができます。これにより，インストール型のデメリットの一部が解消されています。

よって，弥生会計は純粋な意味でのインストール型の会計ソフトではなく，一部クラウド型の要素も備えているといえます。

4　会計 freee

会計 freee は，主に個人事業主や小規模の法人をターゲットにしたクラウド型会計ソフトで，一貫して「経理の初心者にやさしく」をモットーに開発が続けられているようです。

図表 6 － 2　freee画面

従来の会計ソフトの常識にとらわれず，名前のとおり自由な発想で開発が進められている印象です。例えば，取引の発生と決済をまとめて登

録することができます。そうすることで，売掛金や買掛金の決済データを預金データから抽出して，決済仕訳の漏れを防ぐことができるようになっています。

また，勘定科目を細分化する「補助科目」は存在せず，代わりに「取引先」，「品目」，「部門」，「メモタグ」などの「タグ」を仕訳に付けることができ，それぞれのタグごとに残高が集計されます。つまり，補助科目の切り口が複数あるイメージです。

もちろんクラウド型なので，預金データやクレジットカードのデータを自動で取り込むことができ，さらに取り込んだ取引データについては，仕訳を予測してくれます。予測の結果が間違っていたとしても，「自動登録ルール」を設定することにより，次回以降は正しい予測を行わせることが可能です。

また，スマホのカメラやスキャナで撮影した領収書等の画像をそのまま取り込むことができ，保存することはもちろん，仕訳を起こすことも可能です。

初心者でも使いやすいとの評判から，ここ最近はユーザー数が急増しています。

5　マネーフォワード クラウド会計

マネーフォワード クラウド会計は，従来の会計ソフトの優れた部分を踏襲しつつ，ユーザーにとっての使いやすさを追求し続けているクラウド型会計ソフトです。ベンダーであるマネーフォワード社は，もともとは家計簿アプリからスタートしており，フィンテック企業の先駆けとも言われる企業です。

図表6-3　マネーフォワード画面

　クラウド型の会計ソフトなので，預金データやクレジットカードのデータの自動取込みができます。また，「マネーフォワード クラウド請求書」，「マネーフォワード クラウド経費」，「マネーフォワード給与」など，バックオフィスに必要なサービスをまとめて利用することで，低コスト・短期間で，経理業務全体の効率化が実現できます。

　自動仕訳では，人工知能（AI）がビックデータをもとに勘定科目を予測し，機械学習を通じてどんどん精度が高まります。よって，自動入力・自動仕訳がどんどん楽になっていきます。

　入力メニューや帳票類，会計ソフトとしての構造は，従来型の会計ソフトを引き継いでいますので，他の会計ソフトからの乗換えも違和感なく行えます。よって，ある程度他の会計ソフトの使用経験がある方に，よりお勧めのクラウド型会計ソフトです。

6　会計ソフトが不要なケースも……

　以上，具体的に会計ソフトを紹介しました。ユーザー獲得のために，以前にも増して会計ソフトの開発競争は加速しており，年々便利に，か

つ使いやすくなっています。

　ただし，

- ●青色申告でも年間の取引が数十件以内の場合
- ●白色申告の場合

など，必ずしも会計ソフトが必要ではないケースもあります。会計ソフトは，安いものでも年間で1万円程度はかかります。そのため，前提として会計ソフトを使うかどうか，費用対効果を考えて決めましょう。上記に該当する場合，エクセルなどの表計算ソフトを使用しても，それほど時間はかからず，会計ソフトを使用しないほうがかえって決算書の作成が早いというケースもあります。

　ほとんどの会計ソフトは実際に使用する前に，無料でお試しが可能ですので，迷った方は実際に使用してみることをお勧めします。本章で挙げた会計ソフトであれば，ユーザーも多く大きな差があるわけではないので，自分にとって使いやすそうなソフトを選ぶという感覚で決めるのもよいでしょう。

第6章のまとめ

- ● 会計ソフトは必須ではないものの，利用したほうがよいケースのほうが圧倒的に多い
- ● クラウド型もインストール型も一長一短だが，最近はクラウド型が人気
- ● 弥生会計，会計freee，マネーフォワードクラウドはユーザー数が多く，いずれも安心して使用できる

第 7 章
電子申告（e-Tax）は便利！

　確定申告書の提出や，納税をするため，税務署へ行ったり，銀行へ行ったりする場面は容易に想像できます。

　ただ最近では，電子申告がずいぶん行いやすくなって，利用率も年々上昇しています。また，電子申告でなければ，青色申告特別控除額は10万円減らされてしまいます。つまり，国としても電子申告を強く推奨しています。

　今後は電子申告のほうが損をしませんので，筆者からも強く電子申告を推奨します。

　本章を通して，電子申告のやり方をマスターしてください。

1 e-Tax（イータックス）の便利さを知る

e-Tax という言葉自体は聞いたことがある人は多いのではないでしょうか？

e-Tax とは，国税に関する申告，届出，申請および納税をインターネット等を通じて行うための，国税の電子申告・納税システムのことを指します。私たちは，e-Tax を利用することにより，自宅やオフィスなどにいながら，税務署や金融機関の窓口へ行かなくても国税に関する手続を行うことができます。また，e-Tax は稼働している時間が長く，税務署の開庁時間や金融機関の窓口営業時間以外でも確定申告書等の提出や納税手続ができるため，非常に便利です。

さらに，e-Tax は市販の会計ソフト・税務申告ソフトと連動できる場合が多く，それらの e-Tax に対応したソフトを利用すれば，日々の会計処理から確定申告・納税までをすべて電子的に行うことができます。

パソコンやインターネットは苦手，という人は多いですが，一度e-Tax を使えるようになれば税務のために費やす時間の大幅な短縮になりますので，ぜひトライしてみてください。

2 e-Tax の 2 つの方式

e-Tax の利用方法には，マイナンバーカード方式とＩＤ・パスワード方式の 2 種類があります。マイナンバーカード方式は，その名のとおりマイナンバーカードと IC カードリーダライタ（IC カードに記録された電子情報を読むための機器で，家電量販店などで千円程度から販売されています）により e-Tax を利用する方式です。ＩＤ・パスワード方式はマイナンバーカードを利用せず，ＩＤ（利用者識別番号）とパスワー

ドにより e-Tax を利用する方式です。

　どちらがいいのでしょうか？　という質問をよく受けますが，できれ**ばマイナンバーカード方式のほうがよい**でしょう。というのも，マイナンバーカード方式は，マイナンバーカードの取得さえ行えば，楽に申告などを行うことができる一方でＩＤ・パスワード方式は，マイナンバーカードは不要であるものの，マイナンバーカードおよび IC カードリーダライタが普及するまでの暫定的な方式となっているためです。

⑴　マイナンバーカード方式

　マイナンバーカード方式で e-Tax を利用するためには，まずはマイナンバーカードを入手しましょう。マイナンバーカードは，本人確認書類として利用可能なもので，内蔵されている IC チップには電子的に個人を認証する電子証明書が搭載されています。また，マイナンバーカードがあれば，コンビニで住民票の写しや印鑑登録証明書を取得することもできます。

　マイナンバーカードを申請するためには，まずは書面，パソコンまたはスマホで交付申請を行います。その後，お住まいの市区町村から交付通知書が送付されます。そして，その交付通知書，免許証などの本人確認書類を，指定された交付場所に持参することで，マイナンバーカードを受け取ることができます。

　マイナンバーカードに加えて，IC カードリーダライタを用意する必要があります。IC カードリーダライタの代わりに，マイナンバーカード対応のスマホでも問題ありません。

　e-Tax へログインするためには，ID（利用者識別番号の数字16桁）およびパスワードが必要ですが，マイナンバーカード方式を利用すれば，マイナンバーカードを読み取り，利用者証明用電子証明書の暗証番号（数字４桁）を入力することで e-Tax へログインすることができます。ロ

88

グインできれば，メインメニューから，IDおよびパスワードが確認できるため，これを忘れてしまっても問題ありません。

　なお，上記の利用者証明用電子証明書の暗証番号（数字4桁）に加えて，マイナンバーカードを取得した際に市区町村の窓口等で設定した署名用電子証明書のパスワード（英数字6文字以上16文字以下）および券面事項入力補助用のパスワード（数字4桁）も必要ですので，必ず確認しておきましょう。

⑵　ID・パスワード方式

　ID・パスワード方式は，マイナンバーカードとICカードリーダライタを使用せず，e-Taxを利用する方法です。マイナンバーカードをまだ取得していないという人でもe-Taxを利用できます。一度税務署に運転免許証などの本人確認書類を持参し，本人確認を行ってもらえば，e-Taxを利用することができます。

　ただし，ID・パスワード方式は国税庁のホームページで用意されている「確定申告書等作成コーナー」での利用のみに制限されています。よって，利便性は高くなく，いずれは使用できなくなる方法であることから，マイナンバーカードを持っていないけど，どうしても近々e-Taxを利用したいという人を除いて，あまりお勧めできない方法です。

3　e-Taxを利用するための準備

⑴　IDの取得方法

　e-Taxを利用するためには，まずIDを取得する必要があります。IDの取得方法は以下の①〜⑦があり，このいずれかによってIDを手得します。

① マイナンバーカードを使ってアカウント登録

　この方法は，e-Tax のログイン画面からマイナンバーカードを読み取ることにより，利用者情報の登録を行い，ID を取得する方法です。

② WEBからIDを取得する

　e-Tax の開始届出書作成・提出コーナーから開始届出書を作成・送信すると，ID を取得することができます。

③ マイナポータルから取得する

　マイナポータルの「もっとつながる」機能から，利用者情報の登録を行い，ID を取得する方法です。

④ ID・パスワード方式の届出を作成・送信して取得する

　確定申告書等作成コーナーからマイナンバーカードを使って，ID・パスワード方式の届出を作成・送信することにより，ID を取得する方法です。

⑤ 税務署において取得する

　税務署にて本人確認を行い，「ID・パスワード方式の届出完了通知」をもって，ID を取得する方法です。

⑥ 書面で取得する

　国税庁 HP から届出用紙をダウンロードし，必要事項を記載したうえで税務署へ送付または持参する方法です。

⑦ 税理士に依頼して取得する

　関与税理士がいる場合には，開始届出書を代理送信してもらうことに

より，ID を取得することができます。

⑵　電子証明書を取得する（マイナンバーカードを持っていない場合）

　次に，電子署名を行うための電子証明書を取得する必要があります。マイナンバーカードには電子証明書が記録されています。マイナンバーカードを持っていない場合は，以下のような認証局が発行する電子証明書が必要となります。

- 商業登記認証局
- 株式会社帝国データバンク
- 日本電子認証株式会社
- 政府共用認証局（官職認証局）

　ただし，これらの電子証明書を取得するよりも，マイナンバーカードを取得することが利便性が高いのでお勧めです。
　なお，e-Tax の中でも，所得税徴収高計算書（源泉所得税の納付書），納付情報登録依頼および納税証明書の交付請求（署名省略分）のみを利用する場合は，電子証明書は不要です。

⑶　e-Tax を利用するためのソフトの選択

　e-Tax を利用するには，大きく分けてウェブ上で利用する方法と，ソフトをダウンロードして利用する方法があります。また，e-Tax を利用するためのソフト（ツール）には，国税庁が提供するものと，e-Tax に対応した市販の会計ソフトのベンダーが提供するもの（民間の会社が提供するもの）があります。
　国税庁が提供する Web 上で利用するツールは，上述した確定申告書

等作成コーナーと e-Tax ソフト（WEB 版）があります。確定申告書等作成コーナーを初めて利用する場合は，事前準備セットアップが必要です。事前準備セットアップは，パソコン上で指示に従っていけばそれほど難しくはありません。

　e-Tax（WEB 版）については，ログインすれば即利用できます。よって，特に事前準備は必要はありません。

　なお，e-Tax をウェブで利用する場合は，対応ブラウザ（Safari，Internet Explorer，Google Chrome など）が限られていますので，場合によってはブラウザを利用するためのセットアップが必要となります。

　一方で，同じく国税庁が提供する e-Tax ソフト（ダウンロード版）を利用するためには，文字どおりダウンロードが必要です。よって，少し利用するまでの手間がかかります。

　個人事業主の方は，ウェブでの利用で大体のことはできるので，初めは e-Tax ソフト（ダウンロード版）は必要ないでしょう。

　民間の会社が提供するものに関してはさまざまですが，大きく分けると，会計ソフト内で確定申告書などの作成・提出までが完結されるものと，国税庁が提供する e-Tax ソフトに取り込む形のデータを作成するものの2通りがあります。

4　e-Tax ソフトの種類とできること

　上述のとおり，国税庁が提供するものとしては，確定申告書等作成コーナーの他，e-Tax ソフトには WEB 版とダウンロード版があります。また，スマホやタブレット端末で利用できる SP 版もあります。それぞれ利用できる税目などは以下のとおりです。

名　称	利用できる税目等
確定申告書等作成コーナー	所得税，消費税，贈与税
e-Taxソフト（WEB版）	源泉所得税，法定調書，納税
e-Taxソフト（SP版）	源泉所得税，納税
e-Taxソフト（ダウンロード版）	全ての申告（贈与税申告を除く）

　民間の会社が提供するものに関しては，利用範囲はそれぞれ異なりますので，詳細は各社のマニュアルなどを参照してください。

5　eLTAX（エルタックス）はなにをする？

⑴　eLTAX（エルタックス）の概要

　前節までの解説は，国税の電子申告・納税システムであるe-Taxについてでした。住民税や事業税などの地方税についても，電子申告などを行えるシステムがあり，それがeLTAX（エルタックス）です。「L」はローカル（Local）のLです。

　eLTAXは，地方税のポータルシステムの位置づけとなっています。本来は地方税の申告・納税などの手続は，それぞれの自治体で行う必要がありますが，自治体が共同でシステムを運営しているため，eLTAX対応ソフトを使用することにより，すべての自治体での手続を行うことができる仕組みとなっています。

　令和元年10月には，共通納税システムが稼働し始め，すべての地方公共団体へ一括して電子納税することができるようになり，より利便性が高まりました。

⑵　eLTAXを利用するための届出・準備

　eLTAXを利用するためには，まず利用者IDを取得し，暗証番号を設定する必要があります。PCdeskというeLTAXのサイト（https://www.eltax.lta.go.jp）にて無料で提供されているツールを利用することにより，利用届出（新規）を行い，送信後の画面で利用者IDが発行されます。

　eLTAXでは，申告データ等を送信する際には，電子証明書が必要となりますが，税理士に申告書等の作成・送信を依頼する場合は，電子証明書は不要です。

⑶　eLTAX対応ソフト

　eLTAXのサイトで無料提供されているPCdeskには，WEB版とダウンロード版があります。WEB版は文字どおり，WEB上で利用するもので，一方，ダウンロード版はパソコンにインストールしたうえで利用するものです。

　市販されている会計ソフトの中にも，eLTAXに対応しているものがあります。

　e-Taxソフト同様，PCdeskにはスマホやタブレット端末で利用できるSP版もあります。

　eLTAXを利用すれば，例えば従業員から預かった住民税の納税などの面倒な手続をパソコン上で行うことができます。e-Taxと比較して使用する頻度は少ないですが，慣れると経理にかける時間を大幅に削減することもできるので，ぜひ利用してみてください。

第 7 章のまとめ

- e-Taxを利用すれば，自宅にいながら確定申告や納税を行うことができる
- e-Taxにはマイナンバーカード方式とＩＤ・パスワード方式の２種類があり，今後のことを考えるとマイナンバーカード方式がお勧め
- 地方税については，eLTAXというシステムがあり，e-Taxほど使用頻度は高くないものの，利用できるようにしておくと便利

第 8 章

キチンとできてる？
領収書の保存

税金のことや経理のことがよくわからないという人
も，経費に計上するためには領収書が必要だという
ことは知っている方も多いです。

では，領収書は絶対なければならないのでしょう
か？　代わりとなるものがあれば問題ないのでしょ
うか？

また，領収書の保存はどのように行えばいいのでし
ょうか？　きれいにノートなどに貼り付けなければ
ならないのでしょうか？

本章ではこうした疑問にお答えします。

1 領収書に関する基本的な考え方

　経費を支払ったことの証拠となる領収書。この領収書にはさまざまな疑問があるかと思います。領収書の代わりにレシートなどでも経費として認められるか，電車代やご祝儀代など領収書が発行されないものはどうすればよいか，領収書をなくした場合は経費として認められないのか，などなど……。

(1)　領収書の位置づけ

　経費として計上するためには，領収書の保存が必要と考えている人は多いですが，経費にするにあたって，領収書という形式の書類がなければならないという法律や規則は存在しません。

　よって領収書がなくても経費として認められる余地は十分にあります。反対に，領収書があればすべて経費にできるというルールでもありません。領収書は偽造しようと思えばいくらでも偽造できてしまうものです。したがって領収書はあくまで支出があったことを推定させるものに過ぎません。

　ただやはり，領収書はあるに越したことはありません。税務調査の際は，領収書は経費が発生したことを示す強力な証拠となります。最悪の場合，領収書がなければ，架空経費ではないか？　と疑われることもあるので，税務調査を考えた場合は，領収書はきちんと保存しておいたほうがよいでしょう。

　なお，領収書などの経理証憑の扱いは，消費税の課税事業者か免税事業者かによっても違ってきます。課税事業者は免税事業者と比べて，やや厳しい部分があります。この点についても後述します。

⑵　領収書の代わりにレシートやクレジットカード明細では経費として認められないのか

　まず，領収書ではなくて，レシートでも問題ないのでしょうか？　税務調査などでレシートだからといって経費として認められないということはほとんどありません。というのも，そもそも領収書が必要なのはそれが経費を支出したことの証明になるからです。

　レシートは，宛名の記載はないものの日付やお店などの名前は記載されており，立派な証明になります。ただし，レシートだと自分が支出したことの証明にはなりません。他人のレシートをもらったという可能性もあるためです。そのような場合にも，自分が支出したことが否定される事実がなければ問題とされることはありません。

　また，通常レシートが発行される取引は多額でないことが多く，少額の経費であればレシートでも問題とされることはありません。逆に高額の経費の場合，きちんと宛名を記載してもらった領収書を保存しておく必要があります。

　一方，経費の支払いにクレジットカードを使用している場合，支払先から領収書がもらえないこともあると思います。その場合，クレジットカード明細の保存のみで，経費として認めてもらえるのでしょうか？

　クレジットカード明細だけでは，領収書やレシートがある場合と比較して証拠力としてはやや弱まります。というのも，クレジットカード明細には，支払先の記載はあっても，内容（目的）が明記されていない場合も多いためです。また，支払先でさえ明確に記載されていないこともあります。

　よって，税務調査の際には，ただちに否認されるということはないにしても，追加で証拠書類を求められることはあります。よって，クレジ

ットカードを使用した経費については，クレジットカードの明細以外に，支出の内容が明確にわかる書類を保存しておいたほうがよいでしょう。例えば，インターネットで注文して購入したもので，紙の領収書が発行されないものであれば，発注した際などのメールの画面コピーなどでも保存しておくのがよいでしょう。

(3)　領収書が発行されない経費はどうすればよいか

　請求書の発行のみで，領収書が発行されないものは数多くあるかと思います。そのような経費については，請求書に加えて支出した履歴（通帳や ATM のご利用明細など）があれば十分です。

　また，電車代や ETC 料金などの交通費やご祝儀代・お香典など，慣行的に領収書が発行されないものはどうすればよいのでしょうか？　そのような経費については，別の方法で証拠となる書類を保存していれば問題ありません。例えば電車代でしたら交通費精算書をエクセルで作成し，日付，行き先，利用した路線・駅，金額等を明確にして，仕事で支出したことを証明できれば十分ですし，ETC 料金についてもクレジットカードの明細に日付や利用したインターチェンジが明記されていますので，手書きで訪問先などを追記していればそれで問題ありません。

　ご祝儀やお香典（仕事で関係ある方の挙式や葬儀でしたら交際費となります）についても，何らかの形で支出を立証できれば経費として認められます。例えば結婚式のご祝儀でしたら，席次表にご祝儀の金額を記載し，新郎新婦とどのような関係であるか明記しておけば立派な証拠になります。お香典なら，お香典返しのお礼状などに追記して支出の証明にします。

(4)　領収書をなくしてしまった場合は経費にできないのか

　うっかり領収書をなくしてしまった場合ですが，何もしないと税務調

査で「証明するものがなければ経費として認められません」と言われてしまいます。この場合には，(3)と同様，何らかの支出の証拠となる書類を保存しておけばよいのです。

では，証拠となるような書類もない場合はどうでしょう。その場合には，「出金伝票」に必要事項を記載して保存しておきましょう。出金伝票は以下のような帳票をいいます。

図表8－1　出金伝票サンプル

出金伝票 No.

年　月　日

支払先　　様

勘定科目	摘要	金額
	合計	

記載が必要な項目は，

- 日付
- 支払先の名前，名称

- 金額
- 支払いの内容（物，サービスなど）

です。出金伝票により，支出を立証することができれば経費として認められます。

　ただし，出金伝票が証拠として認められるからといって，領収書をほとんど保存せず，出金伝票ばかりを証拠としている場合は税務調査において悪い印象を与えてしまいますので，原則は領収書をきっちりと保存しておくことだということを覚えておいてください。

2　領収書の宛名は？

　領収書の宛名についても，フルネーム（姓名）や正式名称でなければならないのかなどといった質問をよく受けます。領収書は自分が支払ったことの証明ですので，原則はフルネームや正式名称が望ましいといえます。ただし，苗字のみの場合や略称でも実務的には問題とされることはほとんどありません。

　また，宛名が空欄の場合でも，日付や用途がきちんと記載されていればそれほど問題とされるケースはありません。もっとも，明らかに他人の領収書であると疑われるような場合は別です。例えば，遠方へ宿泊出張に行っていた日に，自宅近くのお店での飲食代の領収書があったような場合です。つじつまが合わなければ疑われても仕方がありません。

　さらに，宛名が「上様」となっている領収書を見ることがありますが，こちらも宛名が空欄の領収書と同様，証明力としてはやや弱くなりますが，ただちに経費性が否認されるほどではありません。

　なお，個人事業主の方でフルネームがよいのか，屋号がよいのか迷われる方も多いかと思いますが，どちらでも問題ありません。いずれも本

人を指すことに違いはないからです。

3　課税事業者が保存する領収書等

　以上が領収書に関する基本的な考え方ですが，消費税の課税事業者の場合，考えなければならない規定があります。

　消費税については，詳しくは**第11章**で解説しますが，消費税の課税事業者で，かつ，原則課税により消費税を申告している方は，仕入税額控除（支払った経費に係る消費税について，納税額から控除を受けること）を受けるためには，以下が記載された領収書・請求書等の保存が必要です。

---

①　請求書等発行者の氏名または名称

②　取引年月日

③　取引の内容

④　対価の額

⑤　請求書受領者の氏名または名称（宛名）

⑥　軽減税率の対象品目である旨

⑦　税率ごとに区分して合計した税込対価の額

　よって，上述したようなレシートやクレジットカードなどは通常，上記すべてが記載されていないので，仕入税額控除を受けることはできません。ただし，どんな経費でも①〜⑦が記載された領収書・請求書等の保存が必須だとすれば，実務に支障をきたすので，

　A　小売業，飲食店業など不特定多数の者と取引する事業者が交付する請求書等には，⑤の記載は省略できる

> B 3万円未満（税込み）の少額な取引や自動販売機からの購入な
> ど請求書等の交付を受けなかったことにつきやむを得ない理由が
> あるときは，必要な事項を記載した帳簿の保存のみで，仕入税額
> 控除を受けることができる

という例外規定があります。

　Aは，不特定多数へ発行する領収書・請求書等についても，宛名を
記載するのは煩雑であるため，宛名の省略は認めましょう，ということ
です。

　Bは少額なものについては，①〜⑦が記載された領収書・請求書等は
必要なく，求められている帳簿の記載を行っていれば仕入税額控除を認
めましょう，ということです。

　これら例外規定に当たらなければ，経費として認められても，仕入税
額控除は認められなくなるため，課税事業者で原則課税を選択している
事業者は要注意です。

4　領収書などの保存方法

　入手した領収書などの保存方法について，きれいにノートなどに貼り
付けなければならないと考えている人は多いですが，具体的な整理方法
については特に定められていません。領収書などの保存は一般的には，
以下のように行われることが多いです。

> ①　ノートに日付順に貼り付ける
> ②　月別・費目別に区分して封筒に入れて保存する
> ③　クリアポケットに月別・費目別に区分して入れたうえでハード
> ファイルなどにファイリングする

　いずれの方法でも問題ありませんが，乱雑に保管していると，仮に税務調査が入った場合に素早く書類を取り出せず，また，調査官へ与える心証もよくないので，可能な限り整理整頓しておくことをお勧めします。

　以上のように，領収書・請求書等，帳簿書類は紙で保存しておくことが原則ですが，「電子帳簿保存法」に従えば，電子データで保存し，紙の原本は廃棄するといったことも可能です。

　ただし，現在は要件が厳格で，例えば領収書なら受領後一定期間内にタイムスタンプ（その書類がある時刻に存在していたことを証明する電子的な時刻証明書）の付与，訂正・削除を行った場合の履歴が残るシステムの使用，事務処理が適正に行われるための定期的な検査体制の構築など，さまざまなことが求められます。特に，小規模の理美容事業者にとっては，ハードルが高く，実際はほとんど電子データでの保存は実施されていません。

　なお，令和3年度税制改正により，2022（令和4）年1月1日以降は，それらの要件が大幅に緩和される予定です。よって，2022（令和4）年1月1日以降は，電子データでの保存についてある程度普及することが想定されます。

5　領収書・請求書等および帳簿書類の保存期間

　領収書・請求書等及び帳簿書類については，確定申告が終われば廃棄していいというものではなく，長期間にわたり保存しておかなければなりません。領収書・請求書等および帳簿書類は，確定申告の際には提出する必要はないのですが，申告が終わった後に税務調査が実施される可能性があるからです。

　税務調査というのは，通常は早くても直近の申告の半年から数年程度

経過した後に実施されます。よって，領収書・請求書等および帳簿書類は一定期間保存しなければならないのです。

税法上の具体的な帳簿保存期間は以下のとおりです（**図表8－2**）。

図表8－2　帳簿・書類の保存期間

保存が必要なもの			保存期間		
			個人 （青色申告）	個人 （白色申告）	法人※1
帳簿	仕訳帳，総勘定元帳，現金出納帳，売掛帳，買掛帳，経費帳，固定資産台帳など		7年	7年	7年※2
書類	決算関係書類	損益計算書，貸借対照表，棚卸表など			
	現金預金取引等関係書類	領収証，預金通帳，借用証など		5年	
	その他の書類	請求書，見積書，契約書，納品書，送り状など	5年		

※1　法人の設立については第13章参照。
※2　平成20年4月1日以後に終了した欠損金の生じた事業年度においては9年，平成30年4月1日以後に開始する欠損金の生ずる事業年度においては10年。

保有期間は，7年間となっているものが多いですが，これは税務調査で最大7年間遡る可能性があるため，それに対応したものです。

第8章のまとめ

● 領収書は必ず必要というものではなく，他の書類で経
費を証明できればそれでも問題ないとされることが多
い

● 領収書の宛名はフルネームや正式名称でなくとも認め
られることは多い

● 消費税の課税事業者について，原則課税による場合は，
領収書・請求書等において宛名等の記載が求められる

第 9 章

理美容事業者ができる
節税対策

　ここまで読んでいただいた方は，税金の仕組みから
記帳・確定申告のしかた，領収書・請求書等の保存
の仕方までを，ひととおり理解いただけたかと思い
ます。
　ただし，確定申告に至るまでの手順を習得できたと
しても，それだけでは得することはありません。
　「節税」というものを考えて，確定申告を行うこと
によって，払わなくていい税金を払わなくて済み，
手元にできるだけ多くのお金を残すことができるの
です。
　本章では，具体的になにをすれば節税になるのかと
いう，理美容事業者にとっての節税対策をご紹介し
ます。

I 税金の計算方法

第1章では，課税所得金額により税金が計算されることを解説しました。税金の計算は，超過累進税率という課税所得金額の水準に応じて一定額を超過した分に，高い税率が乗じられていくといった形で行われます。

よって，課税所得金額が増えれば増えるほど所得税も増え，その増え方は激しくなります。そのため，**課税所得金額を可能な限り減らすことが，税金を減らすことにもつながる**のです。また，後ほど解説する住宅ローン控除のように，**課税所得金額をもとに計算された税額からの控除を受けることによっても，税金を減らすことができます。**

このように，税法などで認められた範囲で税金を減らすことを「節税」といいます。

課税所得金額は以下の算式で計算されます。

課税所得金額＝(収入－経費)－所得控除

なお，(収入－経費)のことを「総所得金額」といいます。よく，単に「所得」という用語が使われます。「所得」は「総所得金額」を指していたり，「課税所得金額」を指していたりするのですが，収入(勤務理美容師なら給与額面，理美容事業者であれば売上)から経費を差し引いた金額，あるいは収入から経費と所得控除の両方を差し引いた後の金額なんだな，という理解で問題ありません。

本書でも，「総所得金額」と「課税所得金額」を区別する必要がある

場合のみそれぞれの正式名称を記載しており，さほど区別する必要がない場合は単に「所得」と記載しています。

　まず，収入については計算方法が異なるということは，ほとんどありません。もっとも，意図的に除外すれば別です。そのような行為は**第15章**で詳しく解説しますが「脱税」であり，罪に問われる違法行為です。

　よって，収入は操作の余地はありません。

　一方，経費については，理美容事業者の方はかなりの幅が出てきます。というのも，何を経費とするかは判断の余地があるからです。例えば，仲間内で行われた懇親会（飲み会）における飲食代は経費にできるのでしょうか？　税法には決まりがないため，迷われることでしょう。

　直接のお客さんでなければ収入をもたらしてくれないため，単なる仲間内での飲食代は経費にはならないともいえます。一方で，その懇親会に人脈がある方が出席されていたとして，後々お客さんを紹介してもらったとしましょう。その場合，収入を生むことになり，経費になると考えることもできます。要するにどちらとも取ることができ，説明の仕方次第で結論が変わることになります。

　この辺り，本人の考え方の違いにもよりますし，顧問税理士がいれば，顧問税理士の考え方にもよります。さらには，税務調査を行う国税調査官でも，判断にばらつきがあります。

　このような判断の余地のある経費が年間を通してたくさんあるため，1年間の所得を元に計算される税金も金額の違いがあることになるのです。

　また，所得控除のうち，配偶者控除や扶養控除に判断の余地はありませんが，例えば医療費控除は，経費同様にその範囲に含まれるか否かが明確でないものもあります。よって，税額が1つではない可能性が十分にあるのです。医療費控除は本章8で詳しく解説します。

実際の所得税額は，課税所得金額を算出し，税率表を適用して計算します。

> **課税所得金額に対する税額＝課税所得金額×税率－控除額**

さらに，住宅借入金等特別控除（住宅ローン控除）に代表される「税額控除」と呼ばれる優遇措置を受けることができる場合は，税額控除の金額が控除され，最終的な税額が算出されます。

> **税額＝課税所得金額に対する税額－税額控除**

住宅ローン控除については，本章11で詳しく解説します。

2 節税の基本

税額の算式をおさらいしてみましょう。

> **課税所得金額＝(収入－経費)－所得控除**

> **課税所得金額に対する税額＝課税所得金額×税率－控除額**

> **税額＝課税所得金額に対する税額－税額控除**

よって，課税所得金額を下げれば下げるほど税金が少なくなることになります。1で述べたとおり，収入を意図的に下げたり隠したりすることは罪に問われます。一方で**経費や所得控除は，認められた範囲でなるべく多く計上することにより，所得を引き下げることができ**

ます。これが節税の基本です。

　まず経費についてですが，勤務理美容師等の給与所得者（ここでは給料がメインの収入である方のことをいいます）は無縁と考えられているかもしれません。実は給与所得者でも一定の経費が認められています。まず「**給与所得控除**」というものがあります。

　給与所得控除は給与収入（額面）に応じて，以下のとおり計算されます。

給与収入 （源泉徴収票の「支払金額」）	給与所得控除額
162.5万円以下	55万円
162.5万円超180万円以下	収入金額×40％−10万円
180万円超360万円以下	収入金額×30％＋8万円
360万円超660万円以下	収入金額×20％＋44万円
660万円超850万円以下	収入金額×10％＋110万円
850万円超	195万円（上限）

　給与所得者も仕事を行ううえで，仕事着などの経費がかかっているはずなので一部は認めましょう，という考え方に基づきます。ただし，何でもかんでも経費にされれば税金を過少に申告する人が多くなりますし，税務署も日本に6,000万人近く存在する全給与所得者の経費をいちいちチェックしていられません。よって，みなし計算にしましょう，ということが認められています。

　上記の表のとおり，給与所得控除は給与収入に応じて一律に決まってしまうので，判断や操作の余地はありません。これが給与所得者は節税がしにくいといわれるゆえんです。

　もう1つ給与所得者に認められる経費として「**特定支出控除**」があ

ります。これは，下記のような「特定支出」の合計が給与所得控除の半分を超える場合，その超えた額について，経費として認められるというものです。

〈特定支出の一例〉

- 制服，事務服，作業服などの仕事において着用が必要な衣服の購入費
- お得意先など仕事で関係ある者に対する接待費，贈答品の購入費
- 弁護士，公認会計士，税理士などの資格取得費
- 仕事に関する書籍，定期刊行物などの購入費
- 転勤に伴う転居費用（通常必要であると認められる分）

例えば，年収500万円の人でしたら，給与所得控除が500万円×20％＋44万円＝144万円となりますので，特定支出が144万円×1／2＝72万円を超える部分については経費として認められるということです。「そんなに支出できないよ！」とお感じになった方も多いかと思います。

そうです。この制度は使い勝手が悪いと批判されています。よって，以下のような場合に適用できる可能性がある，という程度に考えていただければと思います。

- 通勤費が支給されない会社に勤めている場合
- 転勤に伴う転居費用を自腹で負担し，高額の場合

仕事着が仕事において不可欠だとしても，1年間の仕事着代だけで給与所得控除の半分は超えないケースがほとんどかと思います。

なお，特定支出控除を受けるためには，給与支払者の証明が必要とな

ります。具体的には，勤務先に証明書を発行してもらう必要があります。

　次に，理美容事業者などの事業所得者（個人事業主としての収入がメインである方のことをいいます）についてです。事業所得者にとっての経費はさまざまなものがあり，理美容事業者の代表的な経費は以下のものがあるでしょう。

- 理美容材料等の仕入れ代金（在庫となっている分を除く）
- 給与などの人件費
- 店舗の家賃
- スタッフの通勤手当などの交通費
- 水道光熱費
- 電話代などの通信費
- 理美容機器のリース代金
- 交際費，会議費
- 借入金の利息

　例えば店舗の家賃などは明らかに収入を得るための支出ですよね。よってこれらの支出が経費になることは争いのないところです。

　問題は交際費やそれ以外でも個人的な経費との判断がつきづらい支出です。

　まず交際費についてです。前述の仲間内で行われた懇親会（飲み会）のように，交際費は判断しにくいものが多いのです。例えば，「友達」とお食事行った際の飲食代は交際費として経費にできるのでしょうか？ただの友達では，売上獲得に貢献しないため，経費にすることはできません。

　一方で，ただの友達ではなく，知り合いを頻繁に紹介してくれるよう

114

な方だったらどうでしょうか？　親睦を深めることでより多くのお客さんを紹介してくれるようになるかもしれません。よって，この場合の飲食代は売上の増加に貢献していると考えられ，経費にすることができます。

　次に所有している車のガソリン代はどうでしょうか？　車をプライベートでしか使っていない場合は，売上獲得には貢献しないため経費にはできません。

　一方で，車を通勤や仕事での移動に使用している場合はどうでしょうか？　この場合は車の使用が売上獲得に貢献しているため，経費にできると考えられます。ただし，後ほど詳しく述べますが，「家事按分」をしなければなりません。例えば，週休2日の場合は1週間のうち，5日分のガソリン代のみ売上への貢献が認められるため，ガソリン代のうち5日／7日のみ経費にできるという考え方が，家事按分です。つまり，全額は経費として認められないということです。

　以上が経費の考え方ですが，すでにお気付きの方もいらっしゃるかもしれません。「説明の仕方次第では経費にできるのでは？」ということをです。しかし，無理矢理説明をつければ何でも経費として認められるわけではありません。何でも経費に認められてしまったら事業所得者は誰も税金を払わなくて済んでしまいますよね……。

　税務調査などでは「社会通念上」という考え方が判断基準になります。これは，常識的に考えて経費といえるかどうかを判断基準とするということです。例えばお客さんとの飲食代について，1人5千円程度の支出は経費と認められても，1人5万円程度の高級料亭での支出は認められない可能性があります。

　というのは，常識的に考えて1人5万円のお店で飲食する理由を見つけるのが難しいからです。このように，**常識的に考えて経費として認**

められないもの以外の経費をなるべく多く計上する，これが事業所得者にとっての節税の基本になります。

　所得を減らしてくれるものとして，もう1つありました。「所得控除」です。所得控除は事業所得者の経費に比べれば判断の幅が出ることは少ないですが，漏れなく拾い上げることにより節税につながります。

　第2章で代表的なものをご紹介しましたが，その中でも特に以下の控除は使用頻度が高いものです。

- 医療費控除
- 小規模企業共済等掛金控除
- 扶養控除

　医療費控除は詳しくは後述しますが，一定以上の医療費を支出した場合に，その一定額を超過した金額を所得から控除できるものです。家族の医療費も含めることができるので，医療費の領収書は家族の分も含めきちんと保管しておくことをお勧めします。そして，医療費の範囲に含まれるか否かは明確でないものがありますが，可能な限り医療費として申告することにより節税になります。

　小規模企業共済等掛金控除については，主に個人の理美容事業者が使える所得控除ですが，掛金（支払った金額）の全額について所得から差し引くことができるので，かなりの節税になります。こちらについても後ほど詳しく解説します。

　扶養控除は，同居している一定の年齢の家族はもちろん，離れて暮らしている家族についても適用できる可能性があります。扶養控除についても後ほど詳しく解説します。

　まだ他にも，課税所得金額により計算された税額を減らしてくれるも

のもありましたよね。そうです,「税額控除」です。**第2章**では,住宅ローン控除と配当控除をご紹介しましたが,本章では特に節税効果の高い住宅ローン控除について,後述します。

3 「永久型」節税と「繰り延べ型」節税

よくいわれる「節税」には,実は2種類あります。「**永久型**」と「**繰り延べ型**」です。読者の皆さんが考えているのはおそらく永久型のほうだと思います。永久型の節税とは,税金減少の効果が後になっても取り消されない節税方法です。例えば,経費にできる支出をきちんと経費にすることや,ふるさと納税,医療費控除に代表される所得控除,住宅ローン控除に代表される税額控除などがそうです。特に意識せずにいわゆる「節税」と考えてもらえれば問題ありません。

一方,気を付けていただきたいのが繰り延べ型の節税です。繰り延べ型の節税の1つとして,「短期前払費用」があります。これは,支払ってから1年以内に役務提供を受ける費用を,支払時の経費とすることができるものです。

例えば,年末に翌年1年分の店舗の家賃を支払ったとします。原則として,このような役務提供を受けない支払については経費にすることはできませんが,家賃のような継続的な役務提供契約に関する支出については短期前払費用として,1年以内の役務提供分に限り経費にすることを認められています。つまり,経費を前倒しで計上することができ,結果として今年の税金を減らすことができます。

ただし,仮に翌年末に閉店した場合は,翌年中の家賃の支払はないため,当然家賃を経費とすることはできません。つまり,全事業年分で考えた場合に経費の合計額に差はありません。

　よって，**繰り延べ型の節税については，単に税金の支払を遅らせることができるに留まることを覚えておいてください。**

　なお，今年だけ多くの利益（所得）が出る見込みで，来年以降は赤字の見込みである場合は繰り延べ型の節税は有効となります。将来的に税率が引き下がる見込みがある場合（例えば法人の場合）も同様です。

4　経費をなるべく多く計上する

　本章2で述べたとおり，経費の金額をなるべく多くすることが節税の基本です。

　繰り返しになりますが，自営業者にとって経費の範囲というのは判断の余地が広く，経費にできるか否か判断が分かれるものは無数にあります。言いかえれば，**判断が分かれてしまう点が節税を行える余地を生み出している**のです。

　読者の皆さんは，「クロヨン（9・6・4）」という言葉を聞いたことがありますか？　これらは，給与所得者と自営業者の税金に関する不公平感を表した言葉で，昭和40年半ば辺りから使われ始めたといわれています。

　これは，税務当局（国税局，税務署）がどの程度課税されるべき所得を把握しているかを示す割合で，給与所得者については「9割」，自営業者については「6割」，農業・林業・水産業者については「4割」といわれています。

　あまり知られていないのですが，勤務理美容師等の給与所得者に支払った給与金額は，一定金額以上については支払者である事業者から，税務署へ毎年報告されています。このように給与所得者の所得は大部分が

把握されてしまうということから，9割という割合が出てきたと考えられます。

　一方で，事業所得者の経費というのは判断が分かれるものが無数にあるため，税務署としても事業所得者の所得については6割程度しか把握できないということです（農林水産業者に至っては4割といわれています）。

　さらに，クロヨン（9・6・4）どころではない！　といわれることがあります。「トーゴーサン（10・5・3）」という言葉もあります。税務当局に把握されている所得は給与所得者については10割，自営業者については5割，農業・林業・水産業者については3割程度であるというものです。つまり，自営業者は給与所得者の半分程度しか所得が把握されていないということです。感覚的にはこちらが実態に近いかもしれません。

　理美容師等に置き換えると，自営業者である理美容事業者等の所得は，勤務理美容師等の半分程度しか把握されていないということです。よって，当然自営業者である理美容事業者等のほうが節税がしやすいということになります。

　それでは理美容事業者等にとっての経費は，どこまで認められるのでしょうか。この辺りについて説明されている書籍やインターネットの情報はあふれていますが，税法上は以下の2点とされています。

- 売上の獲得に直接必要な費用
- 事業活動に関して生じた費用

　過去の判例などを踏まえて，ポイントは以下のとおりです。

- 客観的に見て事業活動と直接関連し，業務上必要な費用であること
- 常識的に考えて業務上必要な費用であること

　つまり，**納税者が主観的に考えて経費である，と主張してもそれだけでは認められない可能性がある**のです。この「客観的」の判断や，「常識的」の判断は納税者によっても違いますし，税務調査を行う調査官によっても見解が分かれます。

　よく「タクシー代は経費として認められて，カラオケ代は経費として認められないのでしょう？」といった類の質問を受けることがあります。上記の判断のポイントから，費用の形態（タクシー代，カラオケ代）によって認められるか認められないかが決まるのではなく，あくまでその費用の機能・性質（売上の獲得に直接貢献する，業務上の必要性があるなど）で決まるということです。

　よって，タクシー代でも趣味で使用した場合には経費として認められませんし，カラオケ代でも売上獲得に直接貢献すると認められれば経費になるのです（ただし，カラオケ代については，一般的には経費になりづらいですが……）。

　明らかに経費にできるものおよび明らかに経費にできないもの以外は，判断する人によって経費になったりならなかったりというのが実際のところです。よって，上記の判断基準に照らし，1つひとつ判断していくほかはなく，その積み重ねが経費に算入できるかの判断力を養うこととなりますので，ぜひ丁寧に1つひとつ判断していくことをお勧めします。

　なお，経費として計上できるもの，できないものについては次章で詳しく解説します。

5　家族を従業員にする

第3章でも述べましたが，家族を従業員にして給与を支払えば節税に
つながることがあります。本来，生計を一にする家族は本人と同じお財
布で生活しているので，本人から家族へ給与を支払ったとしても，いっ
てみれば1つのお財布の中でお金が移動しただけなので，経費にはでき
ません。

ただし，**青色申告を行っていればそのメリットとして，生計を一
にする家族へ支払った給与が経費として認められる**ことになります。
これを「青色事業専従者給与」といいましたね。青色事業専従者給与が
経費として認められるためには，以下の要件を満たす必要があります。

①　その年の12月31日現在で専従者の年齢が15歳以上であること
②　1年のうち6か月を超える期間について，その仕事に専ら従事
　　していること
③　「青色事業専従者給与に関する届出書」を税務署へ提出してい
　　ること
④　支払われる給与が③の届出に記載されている金額の範囲内であ
　　ること
⑤　支払われる給与が労働の対価として相当であること

①の年齢の要件について，あくまで12月31日時点の年齢をもとに判断
しますので，年初において14歳の家族は対象となります。

②については，専ら従事している期間をもとに判断しますので，例え
ば週5日営業している店舗の場合に3日働いていれば認められる，とい
うわけではなく，あくまで週5日勤務していなければ認められず，かつ

その期間が1年の中で6か月超でなければなりません。よって，原則として6か月を超える期間について掛け持ちで他にアルバイトなどをやっていれば認められません。ただし，他のアルバイト等の勤務時間が非常に短く，専ら従事することが妨げられなければ認められます。

　なお，年の途中で開業した場合には，従事可能期間の2分の1超の期間について専ら従事していれば認められることになります。よって，例えば9月1日に開業した場合，12月末までの期間は4か月ですので，2か月超の期間について専ら従事していれば，専従者給与は経費として認められます。

　③の「青色事業専従者給与に関する届出書」（**図表5-4**（67ページ）参照）は，経費に算入しようとする年の3月15日までに提出することが必要です。例えば，2022（令和4）年分の確定申告から青色事業専従者給与を経費に算入したければ，2022（令和4）年3月15日までに税務署へ提出しなければなりません。

　ただし，その年の1月16日以降に開業した場合や，新たに専従者を雇用した場合には，開業日や雇用の日から2か月以内に提出すればよいことになっています。

　④について，金額は実際に支払おうとする金額ではなく，上限を設定するのが望ましいです。というのも，例えば，20万円として届出を行えば，実際の給与額は10万円でも0円でも問題ありません。ただし，20万円超にしたい場合は新たに変更届を提出しなければならないため，可能な限り多めの金額を設定することをお勧めします。なお，変更届は当初の届出「青色事業専従者給与に関する届出書」と同じものになります。

　⑤について，青色事業専従者の要件を満たし，届出を行えば経費として認められるとしても，あまりにも高額な給与は経費として認められませんということです。

　例えば，毎日現金収入を口座に入金するだけの仕事をしている配偶者

に対し，月額20万円は高すぎるということになり，税務調査にて指摘を受けることがあります。20万円を支給するのであれば，相当の仕事を行っていなければなりません。ただし，配偶者も理美容師等であり，常勤で仕事を行っている場合には，ある程度の給与を支給しても全額経費として認められます。

つまり，同様の仕事を他の店舗で行った場合に支給される給与の金額が基準となります。それと比較して，かけ離れていれば過大支給分については経費として認められません。

ちなみに，白色申告の場合でも「事業専従者控除」が認められています。これは，支給した給与の金額を経費にできるという考え方ではなく，一定額の控除を認めますよ，というものです。イメージとしては，扶養控除に近いかもしれません。控除額は以下のイとロのいずれか低いほうの金額です。

> イ　配偶者であれば86万円，配偶者以外の場合は50万円
> ロ　控除前の事業所得等÷（専従者の数 ＋ １）

白色申告の場合の事業専従者控除は，特に事前の届出は必要なく，確定申告書に記載することで足ります。その他の要件は青色事業専従者給与とほぼ同一です。

なお，注意点としては，**青色事業専従者給与や事業専従者控除の適用を受けると，「配偶者控除」や「扶養控除」の適用を受けることができなくなってしまいます。**

よって，青色事業専従者給与の金額または事業専従者控除の金額が，配偶者控除や扶養控除の金額を上回っていることを確認してください。

6　小規模企業共済とは？

　まずは制度の概要から説明します。小規模企業共済制度は，国により運営される小規模の個人事業主や中小企業の経営者のための退職金制度です。退職金制度を設けるためにはその原資となるお金を積み立てる仕組みが必要となりますが，中小企業ではそのような仕組みを構築するのが難しいのが実情です。そこで，中小企業にも退職金制度を用意しましょう，というのが小規模企業共済制度です。

　事業を廃止した場合，または中小企業の役員を退任した場合に，それまでに毎月積み立てたお金（「掛金」といいます）に応じた「共済金」を受け取ることができます。これが退職金の役割を果たすのです。

　この小規模企業共済がなぜ節税につながるのかというと，掛金の扱いが優遇されているためです。つまり，払い込んだ掛金は全額が所得控除の一種である「小規模企業共済等掛金控除」として扱われるのです。

　また，月々の掛金の金額は1,000円から7万円まで500円刻みに自由に設定することができるため，各年の所得見込みに応じて変更させれば税額を調整することも可能だからです。

　さらに，共済金は税務上「退職所得」として扱われるため，税務上優遇されています（退職所得の計算式は以下のとおりです）。

$$（退職金額－退職所得控除額^{※}）× 1／2 ＝退職所得の金額$$

※　退職所得控除額は次のように計算します。

勤続年数	退職所得控除額
20年以下	40万円 × 勤続年数 （80万円に満たない場合には，80万円）
20年超	800万円 ＋ 70万円 ×（勤続年数－20年）

退職所得の計算にあたっては，無条件で上記の退職所得控除額が控除されるうえに，控除後の金額がさらに半額になるので（算式の「×1／2」の部分），優遇されています。これは，退職金が退職後の生活を維持するためのものであることを考慮して，税金も軽減すべきとの考え方に基づいています。

また，退職所得は，他の所得とは分離して税金計算が行われる「分離課税」です。よって，事業所得や給与所得と合算されたうえで高い税率が適用されるわけではありません。

さらに，節税以外のメリットもあり，掛金の払込期間が36か月以上となる場合は，支払った掛金総額よりも多くの共済金を受け取ることができます。ただし，加入期間が20年（240か月）未満で途中解約した場合には，支払った掛金総額よりも「解約手当金」が下回る（元本割れ）ため注意してください。

7 やらなきゃ損！ ふるさと納税

前節までは，理美容事業者が使用できる節税策をご紹介しました。以降は，勤務理美容師を含めたすべての理美容師等が使える可能性がある節税策をご紹介します。

まず，最もポピュラーで節税効果の高いふるさと納税をご紹介します。ふるさと納税は平成20年度に施行された制度で，自分が好きな自治体（都道府県や市区町村）などに寄附することにより，一定の限度額までは寄附額から2,000円（自己負担額）のみを控除した全額について，所得税・住民税を減額できる制度です。

ふるさと納税はあくまで自治体への寄附なのですが，「ふるさと」といっても，自分の生まれ故郷にしか寄附できないわけではありません。

図表9−1　控除されるふるさと納税額の目安

全額(※)控除されるふるさと納税額(年間上限)の目安　　(※) 2,000円を除く

ふるさと納税をした者本人の給与収入とその家族構成のパターン別のふるさと納税額(年間上限)の目安一覧です。ふるさと納税額(年間上限)は、2,000円を除き全額が所得税(復興特別所得税を含む。)及び個人住民税から控除される額の上限です。
あくまで目安であり、具体的な計算は、お住まい(ふるさと納税翌年1月1日時点)の市区町村にお尋ねください。

<表の見方>
給与収入300万円で独身の方は、28,000円以下のふるさと納税であれば自己負担額は2,000円となり、ふるさと納税額から2,000円を除いた額が個人住民税から控除される金額となります。28,000円を超えるふるさと納税をした場合、超える金額分の自己負担が増えることとなります。

○給与所得者のケース(給与収入のみ。住宅ローン控除等を受けていない方。)
※「共働き」は、ふるさと納税をした者本人が配偶者(特別)控除の適用を受けていないケースを指します。
　　(配偶者の給与収入が201万円超の場合)
※「夫婦」は、ふるさと納税をした者の配偶者に収入がないケースを指します。
※「高校生」は「16歳から18歳の扶養親族」を、「大学生」は「19歳から22歳の特定扶養親族」を指します。
※ 中学生以下の子供は(控除額に影響がないため)、計算に入れる必要はありません。
　　例えば、「夫婦子1人(小学生)」は、「夫婦」と同額になります。また、「夫婦子2人(高校生と中学生)」は、
　　「夫婦子1人(高校生)」と同額になります。
　(注1)年金収入のみの方や事業者の方は、下記とは異なります。
　(注2)社会保険料控除額について、給与収入の15%と仮定。

(単位:円)

		独身又は共働き	夫婦	共働き+子1人(高校生)	共働き+子1人(大学生)	夫婦+子1人(高校生)	共働き+子2人(大学生と高校生)	夫婦+子2人(大学生と高校生)
ふるさと納税をした者本人の給与収入	300万円	28,000	19,000	19,000	15,000	11,000	7,000	-
	325万円	31,000	23,000	23,000	18,000	14,000	10,000	3,000
	350万円	34,000	26,000	26,000	22,000	18,000	13,000	5,000
	375万円	38,000	29,000	29,000	25,000	21,000	17,000	8,000
	400万円	42,000	33,000	33,000	29,000	25,000	21,000	12,000
	425万円	45,000	37,000	37,000	33,000	29,000	24,000	16,000
	450万円	52,000	41,000	41,000	37,000	33,000	28,000	20,000
	475万円	56,000	45,000	45,000	40,000	36,000	32,000	24,000
	500万円	61,000	49,000	49,000	44,000	40,000	36,000	28,000
	525万円	65,000	56,000	56,000	49,000	44,000	40,000	31,000
	550万円	69,000	60,000	60,000	57,000	48,000	44,000	35,000
	575万円	73,000	64,000	64,000	61,000	56,000	48,000	39,000
	600万円	77,000	69,000	69,000	66,000	60,000	57,000	43,000
	625万円	81,000	73,000	73,000	70,000	64,000	61,000	48,000
	650万円	97,000	77,000	77,000	74,000	68,000	65,000	53,000
	675万円	102,000	81,000	81,000	78,000	73,000	70,000	62,000
	700万円	108,000	86,000	86,000	83,000	78,000	75,000	66,000
	725万円	113,000	104,000	104,000	88,000	82,000	79,000	71,000
	750万円	118,000	109,000	109,000	106,000	87,000	84,000	76,000
	775万円	124,000	114,000	114,000	111,000	105,000	89,000	80,000
	800万円	129,000	120,000	120,000	116,000	110,000	107,000	85,000
	825万円	135,000	125,000	125,000	122,000	116,000	112,000	90,000
	850万円	140,000	131,000	131,000	127,000	121,000	118,000	108,000
	875万円	145,000	136,000	136,000	132,000	126,000	123,000	113,000
	900万円	151,000	141,000	141,000	138,000	132,000	128,000	119,000
	925万円	157,000	148,000	148,000	144,000	138,000	135,000	125,000
	950万円	163,000	154,000	154,000	150,000	144,000	141,000	131,000
	975万円	170,000	160,000	160,000	157,000	151,000	147,000	138,000
	1000万円	176,000	166,000	166,000	163,000	157,000	153,000	144,000
	1100万円	213,000	194,000	194,000	191,000	185,000	181,000	172,000
	1200万円	242,000	239,000	232,000	229,000	229,000	219,000	206,000
	1300万円	271,000	271,000	261,000	258,000	261,000	248,000	248,000
	1400万円	355,000	355,000	343,000	339,000	343,000	277,000	277,000
	1500万円	389,000	389,000	377,000	373,000	377,000	361,000	361,000
	1600万円	424,000	424,000	412,000	408,000	412,000	396,000	396,000
	1700万円	458,000	458,000	446,000	442,000	446,000	430,000	430,000
	1800万円	493,000	493,000	481,000	477,000	481,000	465,000	465,000
	1900万円	528,000	528,000	516,000	512,000	516,000	500,000	500,000
	2000万円	564,000	564,000	552,000	548,000	552,000	536,000	536,000
	2100万円	599,000	599,000	587,000	583,000	587,000	571,000	571,000
	2200万円	635,000	635,000	623,000	619,000	623,000	607,000	607,000
	2300万円	767,000	767,000	754,000	749,000	754,000	642,000	642,000
	2400万円	808,000	808,000	795,000	790,000	795,000	776,000	776,000
	2500万円	849,000	849,000	835,000	830,000	835,000	817,000	817,000

(出所) https://www.soumu.go.jp/main_content/000408217.pdf

どこの自治体へ寄附しても，節税の効果は及びます。

　さて，総務省が公表している自己負担額2,000円を除いた全額が所得税（復興特別所得税を含む）および住民税から控除されるふるさと納税額の目安は**図表9－1**のとおりです。

　こちらの表に従えば，年収が500万円で独身の方だとすると，目安として61,000円を寄附することとにより，2,000円控除した59,000円全額について税金の減額を受けることができます。

　ふるさと納税は「所得控除」の一種です。本来の「所得控除」は，税率を乗じる前の課税所得金額を減らす効果があるのみですので，税金の減額効果としては（寄附額－2,000円）×税率となるのですが，ふるさと納税がお得なのは所得税の計算では減額されなかった分について，さらに住民税から減額される点にあります。

　これは，他の所得控除にはない減額効果です。さらに，寄附先からその地域の特産品などの「お礼の品」がもらえます。つまり，税金の納付先を自分が住んでいる地域から寄附先に替えるだけでお礼の品が無料でもらえてしまうので，非常にお得な制度です。

　なお，お礼の品について，従来は還元率（寄附額に対するお礼の品の価格の割合）が非常に高いものがありましたが，2017（平成29）年4月に総務省の通達により3割以下に抑えるよう要請がありました。よって，あまりにも還元率の高い品物は期待できなくなりましたが，それでもなお得な制度であることには変わりがありません。

8　自分や家族の医療費を申告する

　医療費控除とは，自分や自分が生活費などを負担している（「生計を一にする」といいます）配偶者，親族の医療費を支払った場合，支払金額が10万円を超える金額（所得控除を差し引く前の所得金額が200万円未満の人はその所得金額の5％を超える金額）について認められる所得控除です。なお，限度額は年間で200万円となっています。

　医療費控除の対象となる「医療費」の具体例としては以下が挙げられます。

- 医師または歯科医師による診療または治療にかかった費用
- 治療または療養に必要な医薬品代（ドラッグストア等で購入したものも含みます）
- 一定の介護サービス費
- あん摩マッサージ指圧師，はり師，きゅう師，柔道整復師による施術の対価
- 助産師による分べんの介助の対価

　なお，人間ドックや健康診断などの費用は，疾病の治療を行うものではないので，原則として医療費控除の対象とはなりません。しかし，健康診断等の結果，重大な疾病が発見され，かつ，その診断等に引き続きその疾病の治療を行った場合には，その健康診断等は治療に先立って行われる診察と同様に考えることができるため，その健康診断等のための費用も医療費控除の対象になります。

　医療費控除として，保険が適用される医療費のみならず，自由診療の一部も認められるものもあります。例えば，以下のような自由診療も医

療費控除の対象となります。

- ● レーシック手術
- ● 歯列矯正（美容目的でない場合）
- ● インプラント（一般的な水準を超える高額なものではなく，美容目的でない場合）

　これらは一般的に高額になりやすいものですので，自分または生計を一にする配偶者や家族の分を支払った場合は，医療費控除の対象とすることにより大きな節税効果が見込めます。

9　社会保険料控除を最大限に利用する

　まず，前提となる社会保険の知識から簡単に解説します。我が国は皆保険制度をとっており，全国民が健康保険として国民健康保険または社会保険に強制的に加入することになっています。健康保険の主な機能としては，病気を患った場合やけがをした場合に，医療費のうち3割（6歳未満の未就学児または70歳から74歳の人は2割（現役並み所得者は3割），75歳以上は1割（現役並み所得者は3割））を負担すれば，必要な治療などが受けられることにあります。

　また，年金制度についても皆年金制度がとられており，全国民が国民年金に強制的に加入することになっています。なお，会社員や公務員は国民年金に加えて厚生年金にも加入することになっています。

　健康保険にかかる健康保険料および国民年金・厚生年金にかかる年金保険料は，支払った全額について所得控除を受けることができます。この所得控除を「社会保険料控除」といいます。医療費控除同様に，生計を一にする配偶者，親族の健康保険料を支払った場合も社会保険料控除

の対象とすることができるので，家族のうち所得が多く，税率が高い人が払ったほうが家族全体で考えれば節税となります。

　さらに，将来の年金を手厚くしたい人のために，国民年金基金や確定拠出年金といった加入が任意の制度もあり，これらの加入により毎月支払わなければならないお金（掛金といいます）も社会保険料控除の対象となります。特に確定拠出年金については自分で掛金の金額を決めることができ，所得が多くなりそうな年は掛金を多くするなどして節税を行うことができます。

　なお，厚生年金に加入している会社員や公務員の人にも厚生年金基金という制度はありますが，個人の意思で加入することはできず，ご自身の勤務先の状況により加入義務があったりなかったりします。

　「国民年金」と「国民年金基金」，「厚生年金」と「厚生年金基金」。名前は似ていますが，制度は全く違うので，この点は気をつけていただければと思います。

10　扶養控除をできるだけ計上する

　こちらは簡単な内容です。扶養控除も所得控除の一種であり，生計を一にしており，養っている家族（被扶養者）がいれば，1人につき最低38万円の所得控除を受けることができるものです。ただし，その被扶養者の所得が48万円以下（収入が給与のみなら年収103万円以下）でなければなりません。養っているとしても，ある程度稼いでいれば所得控除は認めてあげません，という趣旨でしょう。

　「扶養」というと，同居していなければいけないと思われがちですが，別居していても養っている事実（仕送りなど）があれば扶養控除が認められます。よって，生まれ故郷に暮らしている両親や祖父母なども対象となりますので，あまり収入のない両親・祖父母を扶養親族にして扶養

控除を受けることも可能です。

　ちなみに扶養親族が70歳以上（その年の12月31日現在で）の場合，同居していれば58万円，同居していなくても48万円の所得控除を受けることができます。

　なお，配偶者がいる方は配偶者控除または配偶者特別控除の適用を受けられる可能性があり（本人の合計所得金額が1,000万円以下の場合に限ります），また16歳以上23歳未満の子供がいる場合でも，扶養控除を受けられる可能性があるので，その点も忘れないでください。

11　住宅ローン控除

　続いて，要件を満たせばかなりの節税が見込める「住宅ローン控除」を紹介します。住宅ローン控除は正式には「住宅借入金等特別控除」といいますが，長いので住宅ローン控除（または住宅ローン減税）と呼ばれることが多いです。

　具体的には，住宅ローンを利用して，マイホームの新築，取得または増改築などを行った場合，住宅ローンの年末残高の１％を税額控除として所得税から差し引くことができます。住宅については，新築でなくても中古でも一定の場合を除き住宅ローン控除が認められます。

　「たった１％？」と感じられる方もいるかと思いますが，所得控除ではなく住宅ローン控除は「税額控除」です。つまり，所得控除は税率が乗じられる前の所得から差し引けるものでしたが，税額控除は税率が乗じられた後の税額から差し引けるものです。よって，節税効果は大きいといえます。例えば，住宅ローンの年末残高が3,000万円の場合，30万円の税金が減ることになります。

　住宅ローン控除の上限額は通常は40万円ですが，住宅が「認定長期優

良住宅」などに該当する場合，上限額は50万円となります。認定長期優良住宅とは，長期にわたり良好な状態で使用可能と認められた優良な住宅であり，所管行政庁である都道府県，市または区により認定を受けたものをいいます。よって，認定長期優良住宅などに該当しているかは必ず確かめたほうがよいでしょう。

　確認方法としては，住宅の売主や建設業者に聞いてみるのが早いです。必要書類として，「長期優良住宅建築等計画の認定通知書」および「住宅用家屋証明書」のコピーが必要ですが，役所へ行かなくとも住宅の売主や建設業者経由で入手できる場合もあるので，ぜひ確認してみてください。

　住宅ローン控除を受けるにはいくつかの要件がありますが，まず，取得した住宅の床面積が40㎡以上でなければなりません。

　また，注意していただきたいのは，取得した住宅の床面積が40㎡以上50㎡未満の場合は合計所得金額が1,000万円超となる場合，50㎡以上の場合は3,000万円超となる場合は適用を受けることができなくなります。年収ではなく給与所得者は，給与所得控除を差し引いたあとの所得で判断されます。

　ちなみに理美容事業者等も経費を控除した後の所得が基準となります。所得が高い人には恩恵を与えなくてもよいでしょう，という考え方です。よって，所得が上記金額をわずかに超えてしまうような場合は，可能であれば仕事量を調整するなどして，なんとか所得が上記基準額以下になるようにしたほうがよいでしょう。

　なお，2019（令和元）年10月1日から2022（令和4）年12月31日の間に，取得した住居に居住し始めた場合は，特例により控除期間が13年に延長されます。この場合，11年目から13年目の特別控除額は以下のうち，いずれか少ないほうの金額となります。

- 年末借入金残高［上限4,000万円］× 1 ％
- （建物取得対価の額−消費税額）［上限4,000万円］× 2 ％ ÷ 3

　これは，2019（令和元）年10月 1 日に消費税率が10％にアップされたことに伴う政府の住宅取得対策で，アップされた 2 ％分への配慮を行ったものです。

第 9 章のまとめ

- ● 節税の基本は，経費や所得控除を漏れなく計上すること
- ● 理美容事業者にとっての節税策は，経費を漏れなく計上することに加えて，家族従業員への給与支払いや小規模企業共済など幅が広い
- ● 理美容事業者だけではなく，勤務理美容師等にもふるさと納税，医療費控除，扶養控除などの節税策はある

第10章
経費で落ちるものと落ちないもの

前章では，理美容事業者の経費の範囲について，詳しく解説しました。

本章では，より理解を深めていただくために，どのような支出が経費にできて，どのような支出が経費にできないか，といった点を掘り下げていきます。

なかなか判断に迷う支出も多いかと思いますが，本章を通じて経費の判断力を身に付けてください。

1 まずは法律の規則などを確認しましょう

　ある支出が経費にできる・できないといった情報は，さまざまなものがあふれており，中には明らかにデマといえるものもあります。また，同じ内容の支出でも，職業や事業内容によって経費に認められたり，認められなかったりします。

　そもそも，規則上はどのようになっているのでしょうか？　所得税法には以下の規定があります。

> 所得税法第37条1項（抜粋）
> 必要経費に算入すべき金額は，別段の定めがあるものを除き，これらの所得の総収入金額に係る売上原価その他当該総収入金額を得るため直接に要した費用の額及びその年における販売費，一般管理費その他これらの所得を生ずべき業務について生じた費用（償却費以外の費用でその年において債務の確定しないものを除く。）の額とする。

　法律というのは読みづらいですよね。この条文について，判例などではさまざまな解釈がなされていますが，要約すると，

> ①　収入の獲得に直接貢献する費用はもちろん，
> ②　収入の獲得に間接的に関係する費用で業務への関連性があるものが必要経費として認められる

こととなります。①の具体例としては，商品を販売した場合のその商品の購入原価が挙げられます。一方，②については，事務所や店舗の家賃が挙げられるでしょう。

　比較的①の「直接」収入の獲得に貢献するものは判断がつきやすいですが，②の業務に関連するものは，さまざま解釈ができます。そのため，納税者としては自分に有利なように解釈しがちですが，ここで業務関連性には，客観性が求められます。つまり，自分で業務に関連があると思っているだけでは認められず，客観的に第三者から見ても関連性があると考えられるものしか経費としては認められません。

　もう1つおさえておいていただきたいのが，**「家事関連費」**です。プライベートと仕事用が混在している費用です。家事関連費は，合理的な基準によりプライベート分と仕事分に分けることが必要となります。これを「家事按分」といいます。

所得税法第45条第1項（抜粋）
次に掲げるものの額は，その者の不動産所得の金額，事業所得の金額，山林所得の金額又は雑所得の金額の計算上，必要経費に算入しない。
一　家事上の経費及びこれに関連する経費で政令で定めるもの

所得税法施行令第96条（抜粋）
所得税法第45条第1項第1号（必要経費とされない家事関連費）に規定する政令で定める経費は，次に掲げる経費以外の経費とする。
一　主たる部分が業務の遂行上必要であり，かつ，その必要である部分を明らかに区分することができる場合における当該部分に相当する経費
二　前号に掲げるもののほか，青色申告書を提出することにつき税務署長の承認を受けている居住者に係る家事上の経費に関連する経費のうち，取引の記録等に基づいて，業務の遂行上直接必要であつたことが明らかにされる部分の金額に相当する経費

　こちらも非常にわかりづらい内容ですよね。要約すると，経費として認められるのは，

> ① 主たる部分が業務に必要である経費で，その必要性が明確に判断できる部分
> ② 青色申告者の場合は，経費のうち取引の記録に基づいて，業務の遂行上直接必要であることが明らかにできる部分

つまり，経費のうち，業務に必要だと明確に判断される部分のみが必要経費として所得計算上，計上できるということになります。ここでも，**自分のみが業務に必要と判断するだけでなく，客観的に必要性が認められなければ経費にすることはできません**。家事按分の具体例については，3で解説します。

2 経費で落ちるもの，落ちないものの具体例

以上が規則の内容ですが，なかなか抽象的で判断がつきづらいかと思います。そこで，比較的よくある具体例をご紹介します。これらの具体例を通じて，少しでも感覚をつかんでいただければと思います。

飲食代

まず，家族や友達との飲食代はどうでしょうか？ 家族や友達との飲食は，プライベートであると判断されます。よって，経費にすることはできません。ただし，「友達」といっても，仕事関係者だと「接待交際費」に該当するものとして，経費にできる可能性はあります。

接待交際費は，「交際費，接待費，機密費その他の費用で，法人が，その得意先，仕入先その他事業に関係のある者等に対する接待，供応，慰安，贈答その他これらに類する行為のために支出するもの」とされています。これは，法人税法における定めですが，個人事業主の所得税に

おける判断の際も参照されます。

　よって，飲食をともにした友達が，将来の見込み客などであれば，経費にできる余地はあります。もちろん，お客さんとの飲食代は接待交際費といえ，経費にすることができます。ただし，常識的な範囲である必要があります。あまりにも高額過ぎる飲食については，税務調査で否認される可能性はあります。

　では，1人での飲食代はどうでしょうか？　例えば，カフェなどで仕事を行った場合にかかった飲食代などは経費にできるのでしょうか。1人の飲食代は，経費にするのは難しいでしょう。というのも，1人で行う仕事は，本来オフィスや自宅で行うべきで，カフェなどで行う正当な理由は見当たらないからです。よって，飲食代は仕事関係者と一緒の際にかかったものでなければ，経費にすることはできないと覚えておきましょう。

2次会のキャバクラ代

　お客さんとの飲食代が経費に認められるとして，その後，2次会でキャバクラなどへ行った場合の飲食代は経費にできるのでしょうか。

　この点，判断が分かれますが，2次会でわざわざキャバクラに行ったことの必要性が証明できれば経費にできる余地はあるかと思います。例えば，一緒に行ったお客さんがあなたの仕事において重要人物や大口顧客で，キャバクラ等にて交流を深めることで，その後の仕事に大きな成果があったなどの事実があれば，経費として認められてもいいのでは，と個人的には思います。とはいっても，ほどほどの金額である必要があります。

お歳暮，お土産など

　上述の接待交際費の定義からすれば，お客さんへ渡したお歳暮やお土

産であれば経費として認められます。また，従業員のために出張先など
で買ってきたお土産代も，「福利厚生費」として経費にすることができ
ます。

　ただし，自分や家族のためだけに買ってきたお土産代については，プ
ライベートの支出であるため，経費にすることはできません。

商品券，ギフト券など

　同様に，上述の接待交際費の定義からすれば，お客さんへ渡した商品
券やギフト券であれば経費として認められる余地はあります。ただし，
商品券などはお客さんへ渡したことにして，自分の買い物に使用するこ
ともできてしまいますので，誰に渡したかを明確にするために，できれ
ば受領者から受領書をもらったほうがよいでしょう。少なくとも，管理
簿を作成し，受領者の氏名を記載しておくようにしましょう。

ドラッグストアなどでの風邪薬代，医療機関での診察代

　薬代や診察代は，経費に含まれるものではなく，**第9章**で述べた医療
費控除の対象となります。よって，事業所得の必要経費に含めることは
できません。

人間ドックや健康診断などの費用

　これらは，**第9章**で述べたとおり，医療費控除の対象とすることはで
きません。ただし，従業員がいる場合に，従業員が受診した健康診断等
については，以下の要件のもと福利厚生費として経費にすることができ
ます。

● 全従業員を対象とすること（一定の年齢以上の従業員全員を対象
　とすることでも可能）

● 常識的な金額であること

　なお，個人事業主本人への福利厚生というのは通常認められません。
福利厚生というのは，従業員に対して与えられるものだからです。また，
事業主の専従者についても，福利厚生の対象とはなりません。

タクシー代（交通費）

　仕事中の移動にあたって，タクシーに乗車した場合には常識的な範囲
であれば，例え電車などの公共交通機関が使用できる状況だったとして
も，経費として認められます。ただし，行先については，領収書や帳簿
に明記しておいたほうがよいでしょう。

新幹線のグリーン車や飛行機のファーストクラス，ビジネスクラスのチケット代

　新幹線なら普通車，飛行機であれエコノミークラスでも仕事のために
移動するには十分と考えられるため，経費としては認められづらいでし
ょう。ただし，グリーン車やファーストクラス，ビジネスクラスでなけ
ればならない合理的な理由があれば経費として認められる可能性はあり
ます。

　ちなみに，法人の場合，例えば一定の役職以上はグリーン車やビジネ
スクラスを利用できるなどの規定を定めていれば，認められることはあ
ります。

ベビーシッター代

　小さい子供がいる方で，仕事を行うためにベビーシッターなどに子供
を預けた場合，そのベビーシッター代を経費にしたいと考える方は多い
かと思います。

　ただし，ベビーシッター代はプライベートの支出と判断されてしまい，経費にすることはできません。子供に関しては，児童手当等の支援制度があるため，それらでベビーシッター代などが発生する場合は賄ってください，ということなのでしょう。

美容室代・理容室代

　美容室や理容室でのカット料金などは，原則として経費として認められません。それらはプライベートの支出と捉えられるからです。

　ただし，一部の職業では認められることがあります。例えば，モデルさんやタレントさんで，撮影ために美容室へ行った場合は，その美容室代は仕事に直結するといえます。よって，そのような場合は経費にすることが可能です。

　そして，理容師・美容師の方であれば，他の理容師・美容師の技術習得のために美容室・理容室へ行ったという事情があれば，その際かかった料金は経費にすることができると考えられます。

　よく，仕事のための身だしなみとして美容室・理容室へ行ったのだから経費として認められるべきと主張する方がいますが，身だしなみはプライベートでも必要だと考えられますので，経費として認められる可能性は低いでしょう。

洋服代

　衣服に関する費用も，仕事で使用するユニフォームでない限りは経費で落とすことは難しいでしょう。

　理美容師等の方で，普段着を仕事用として利用しているという人は多いですが，そのような場合は経費にすることはできません。常識的に考えてプライベートでも使用できるものは，経費にすることができないという考えがあるためです。これは，スーツを着て仕事を行っている人が，

スーツ代を経費にできないことと同じ理屈です。

パソコン代，スマホ代

　パソコン代やスマホ代は仕事で使用していれば，経費にすることができます。ただし，プライベートでも使用できるので，家事按分によりプライベート使用分は合理的な基準により計算して，経費から除外すべきです。

　また，インターネット料金などの通信費についても同様に，家事按分する必要があります。按分の基準については，次節で解説します。

　経費にできるもの，できないものを具体的に見てきましたが，理解できましたか？

　「○○代」といった費用の名目ではなく，「支出の目的」が重要ということです。よって，例えば居酒屋での会食は経費にできて，高級フレンチは経費にできないという一律の判断がされるわけではありません。支出の目的が収益の獲得に直接貢献していたり，事業に関連性があるものであれば，経費にできる余地はあるのです。

　以前，某有名人が所得隠しで話題になった際，かつら代はOKで植毛代はだめと言っていましたが，そうではなく，それぞれの支出の目的が仕事に関連があるかどうかが判断のポイントとなります。

　ちなみに，かつら代がOKで植毛がだめなのは，かつらはテレビ出演の時だけ装着し，プライベートでは外すといった説明をすることにより衣装という捉え方ができる一方，植毛は脱着するといったものではなく，プライベートの支出という捉え方もできるため，そのような判断になったのだと思われます。

3 迷ったら家事按分をしましょう

　以上，具体的な費目を見てきましたが，経費にできる自信がないのであれば，一部を経費から除外する，つまり前述の家事按分をするとよいでしょう。家事按分を行うことにより，税務調査が入った際もちゃんと判断しているという印象を調査官へ与えることとなり，否認されにくくなります。

　理美容事業者の中には，自宅兼店舗の形態で運営している方も多いと思います。そこで，自宅兼店舗について，家事按分をどのように行うべきか深掘していきたいと思います。また，自家用車を仕事に使用している方も多いかと思いますので，自家用車についての家事按分についても解説します。これらを参考に，他の具体的なケースでも判断していただければと思います。

　家事按分については，税法上何パーセントが経費として認められるという明確な基準はありません。個々の実情に応じて按分するというのが正しい考え方で，前述の法令等を参考に判断していくこととなります。もちろん，可能な限り多くを店舗使用分としたほうが節税になります。

(1) 自宅兼店舗が賃貸物件の場合

　まず，家賃については使用面積の割合で按分することになります。例えば，全体で100㎡の自宅兼店舗において，店舗として使用している面積が60㎡である場合は，家賃のうち6割が経費として認められる分となります。家賃に関してはわかりやすいですよね。火災保険料についても，一般的には家賃に準じて使用面積の割合で按分することが妥当と考えられます。

　それでは，電話代やインターネット代などの通信費についてはどのよ

うな基準で按分すればよいのでしょうか？　一般的には使用時間で按分
することが多いです。使用時間について，厳密に業務での使用時間とプ
ライベートでの使用時間を測定することも考えられますが，これはかな
り煩雑になります。そこで，例えば1日または1週間のうちの営業時間
の割合を計算し，その割合でもって按分するという方法が考えられます。

　また，水道代と電気代等の水道光熱費についても通信費と同様に，営
業時間の割合で按分することは客観性があるといえます。

(2)　自宅兼店舗が所有物件の場合

　(1)の賃貸物件の場合と共通する火災保険料，通信費，水道光熱費につ
いては(1)と同様です。所有物件の場合は家賃がないため，家賃に代わる
経費は一切計上できないのでしょうか？

　自宅については，「減価償却」という手法により経費計上することが
できます。

　減価償却とは，建物，設備，工具器具備品，車両などの長期にわたり
使用される固定資産に適用される会計処理で，購入時に全額を経費とせ
ずに，耐用年数にわたり分割して経費にする手法をいいます。

　鉄筋コンクリート造の住宅用の建物を例に挙げます。「耐用年数」は
47年と定められておりますので，取得価額が4,700万円とした場合は，

$$4,700万円÷47年＝100万円$$

について，毎年経費に算入されるということです。経費に算入された
100万円を**「減価償却費」**といいます（厳密には，耐用年数に応じた
「償却率」が定められており，償却率を取得価額に乗じることにより減
価償却費が算定されます）。

　この100万円の減価償却費に対し，店舗使用割合を乗じて最終的な経
費算入額を計算します。(1)と同様，店舗使用割合が6割だとすれば，
100万円×60％＝60万円が経費に算入できる金額となります。

その他，所有物件の場合，固定資産税，住宅ローンの利子なども店舗使用割合で家事按分することにより経費に算入できます。なお，住宅ローンの元金の返済は，単に借りたお金を返したものであり経費にすることはできません。

また，**第9章**で解説した住宅ローン控除ですが，自宅兼店舗の場合，床面積の50％以上を店舗として使用している場合，適用を受けることができないため，注意が必要です。さらに，50％未満を店舗として使用している場合でも，住宅ローン控除は自宅として使用している割合分しか適用がありません。例えば，40％を店舗として使用している場合には，住宅ローン控除は60％分しか適用がありません。

(3)　自家用車に関する費用

自家用車を仕事でも使用している場合もかかった費用については家事按分することにより経費に算入できます。

まず自家用車の取得価額ですが，(2)の所有物件と同様，減価償却により分割して経費に算入することになります。その他，自動車税，自動車保険料，車検代，ガソリン代などの諸費用がかかりますが，同様に仕事での使用割合により按分することになります。

それでは自家用車の按分割合はどのように考えればよいのでしょうか？　総走行距離のうち，仕事で使用した距離を測定し按分するのが正確ですが，通常は困難でしょう。そこで，1週間のうち使用した日の割合で按分することが考えられます。例えば，店舗の場合，週5回が営業日だとすれば5日／7日を経費に算入するということです。

もちろん，営業日でもプライベートでの使用があれば，その分も考慮して按分比率を考えなければなりません。

第10章のまとめ

● 必要経費の要件として，収入の獲得に直接貢献する費
　用であることや業務に関連性があるといった点が求め
　られる

● 経費になるか否かの判断は，客観的な視点から行う必
　要がある

● 経費に算入するか迷ったら家事按分を行うとよく，具
　体的な手法は自宅兼店舗のケースなどが参考となる

第11章
消費税のきほん

　前章までは，主に個人の所得税について解説してきました。この章では最低限知っておいていただきたい消費税の知識を解説します。

　なお，現在は課税事業者のみが気にすればよい消費税ですが，2023（令和5）年10月1日からはインボイス制度と呼ばれる制度が始まり，多くの中小事業者へ影響を与える可能性があります。消費税を理解するうえでは，ぜひ，12章のインボイス制度と合わせて解説の内容を押さえておいてください。

I 個人の理美容事業者でも関係してくる消費税

前章までは，主に個人の所得税について解説してきました。この章では最低限知っておいていただきたい消費税の知識を解説します。ぜひ，次章のインボイス制度と合わせて解説する内容を押さえておいてください。

消費税という税金は皆さんにとって非常に馴染みのある税金ですね。大体の方が，1日のうち1度は払っている税金が消費税ではないでしょうか？　消費税は朝通勤するときの電車代にもかかりますし，ランチ代にもかかります。コンビニやスーパーでの買い物にも当然かかっています。

前提として，消費税が課税される取引の要件を挙げます（消費税の4要件）。

---

① 国内における取引であること

② 事業者が事業として行う取引であること

③ 対価を得て行う取引であること

④ 資産の譲渡，資産の貸付けまたは役務の提供であること

---

①については，日本の消費税は日本でしかかからないということです。海外旅行先での買い物において，日本の消費税を払うことはありませんよね（現地の消費税に相当する税金を払うことはあります）。

②については，あくまで事業者の取引に消費税がかかるということです。よって，自宅の売却のようなプライベートの取引には消費税は課税されません。

③については，物やサービスの対価としてお金などを受け取った場合に消費税がかかるということです。よって，金銭や物をタダでもらう贈

与取引には消費税がかかりません。

　④については，物の売買のみならず，資産の貸付けやサービスにも消費税がかかるということです。

　以上の4要件を理美容事業者に当てはめてみると，ほぼすべてのサービスが該当します。よって，ほとんどのサービス提供について課税対象となる，つまり消費税がかかると理解してください。

　しかし，たとえ4要件を満たしていたとしても，消費税を課税することがなじまない取引や，消費税を課税することが適当でない取引については，消費税がかからないことになっています。これを「非課税取引」といいます。非課税取引として代表的なものは以下のとおりです。

- 有価証券や暗号資産の譲渡
- 預貯金の利子
- 社会保険医療の給付等（保険適用となる医療サービスなど）
- 介護保険サービスの提供等
- 住宅の賃貸

　理美容事業者の本業に関係あるものはあまりありませんが，副業や個人的な投資の際において，上記は関係してきます。

　ただ，原則として**2年前の課税売上（消費税がかかる売上をいいます。理美容事業者の場合は売上のほとんどが該当します）が1,000万円以下の事業者は，「免税事業者」として扱われ，消費税の納税は免除されます**。2年前を基準として消費税の課税の有無を判定することから，2年前の会計期間を「基準期間」といいます。1年めと2年めは，基準期間が存在しないため，通常は免税事業者となります。よって，消費税の課税事業者となるのは，通常は早くても3年めからとなります。3年め以降も，2年前の課税売上高が1,000円以下であれば

免税事業者のままなので，毎年売上が1,000万円以下の場合は消費税については あまり気にしなくてよいかもしれません（ただし，**インボイス制度がはじまると売上1,000万円以下の事業者も，消費税について検討しなければなりません**。インボイス制度は次章で詳しく解説します）。

　なお，前年の1月から6月までの6か月（「特定期間」といいます）の課税売上高が1,000万円を超え，かつその特定期間の給与等の金額が1,000万円を超える場合には，消費税の課税事業者となります。よって，急激に売上が増え，人件費も増えた場合には2年後ではなく，翌年から消費税の課税事業者となる場合があるため，注意が必要です。

2　消費税額の計算方法

　消費者側からすれば，本体価格の10％（飲食料品や定期購読の新聞のうち一部のものは8％）の消費税を負担して終わり，ということになりますが，事業者はどのような扱いになるのでしょうか？　簡単に消費税の納税の仕組みを説明します。

　携帯電話の製造・流通・販売過程をイメージしてみてください。消費税は最終消費者が負担するという性質があり，事業者（**図表11－1**でいえば部品メーカー，完成品メーカーおよび販売店）は負担しないことになっています。

　図表11－1において，消費者は税抜60,000円の携帯電話を購入した際に，その10％の60,000円を負担しています。一方，販売店としては，この6,000円の消費税は収入になるわけではなく納税しなければなりません。ただし，販売店も完成品の仕入の際に仕入価格40,000円（税抜）に

図表11−1　消費税の仕組み

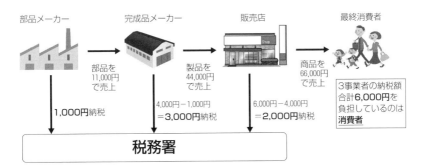

対し10％の4,000円を負担しているため，納税の際には差し引けることになっています。よって，販売店は6,000円−4,000円＝2,000円を納税すればよいのです。

　事業者にとって消費税がかかる支出を「課税仕入」といい，事業者が課税仕入により負担した消費税を差し引くことを「仕入税額控除」といいます。「仕入」ということばが使われますが，いわゆる仕入に加えて，消費税がかかる事業用資産の購入または賃借，原材料や事務用品の購入，運送等のサービスの購入，そのほか事業のための購入などを指します。

　もう一度**図表11−1**で，確認してみましょう。

　完成品メーカーは販売店に販売した際に受け取った税抜40,000円に対する消費税4,000円を税務署へ納付しなければなりません。ただし，ここでも仕入税額控除が認められるため，完成品メーカーが部品メーカーに支払った10,000円（税抜）に対してかかる消費税1,000円を控除することができるため，4,000円−1,000円＝3,000円を納税すればよいのです。

　部品メーカーは完成品メーカーに販売した際に受け取った税抜10,000円に対する消費税1,000円を税務署へ納付することになります。厳密には，部品メーカーも消費税がかかる経費等があるため，1,000円全額を納税するわけではないのですが，ここでは説明を簡略化するために，省

略しています。

　結果として消費者が負担した消費税6,000円は，部品メーカーが1,000円，完成品メーカーが3,000円，販売店が2,000円を，消費者に代わり税務署へ納めていることになるのです。

　つまり，部品メーカー，完成品メーカーおよび販売店といった事業者は，消費税を預かっているだけということになります（税抜で考えればわかりやすいでしょう）。しかし，実際に納税するのは事業者ですから，「消費税を負担させられている」という感覚になってしまうのです。

　これが例えば部品メーカーが免税事業者だったとすると，部品メーカーは，1,000円の消費税を納める必要がなくなります。

　以上は，消費税の負担に関する全体的なイメージですが，一事業者にとっての消費税について見てみましょう。

　ある事業者の１年間の課税売上が1,100万円（税込）で，課税仕入が770万円（税込）だったとしましょう（**図表11−2**）。この場合の消費税

図表11−2　事業者の消費税

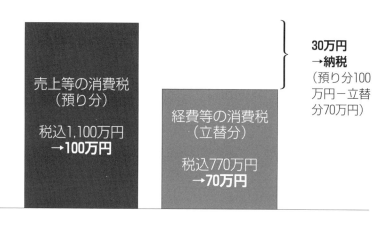

の納税額はいくらになるでしょうか？

　先ほどの消費税の仕組みが理解できていれば簡単ですよね。

100万円（課税売上にかかる消費税）－70万円（課税仕入にかかる消費税）
＝30万円

が納税額となります。

　なお，経費等のすべてが課税仕入となるわけではありません。前述の
消費税の4要件を満たさないものは課税対象外となります。なお，課税
対象外の取引を「不課税取引」ともいいます。経費等のうち，不課税取
引となる主なものは，以下のとおりです。

- 給与，賃金，賞与：「事業」として行う資産の譲渡等の対価に当たらないため（148ページの②の要件を満たさない）
- 寄附金，祝金，見舞金，国または地方公共団体からの補助金や助成金等：対価として支払われるものではないため（148ページの③の要件を満たさない）
- 無償による試供品や見本品の提供：対価の支払いがないため（148ページの③の要件を満たさない）
- 保険金や共済金：資産の譲渡等の対価といえないため（148ページの③の要件を満たさない）

　繰り返しになりますが，国外で行われる経費等の支出については，①
の要件を満たさないため課税対象外（不課税取引）となります。

　なお，固定資産の減価償却費についても課税対象外となります。減価
償却費は，対価性があるものではなく，固定資産の購入時に課税仕入と
なるためです。

　また，先述の売上に関する非課税取引同様，経費等についても消費税

の４要件は満たすものの，消費税を課税することがなじまない取引や，消費税を課税することが適当でない取引については，消費税がかかりません。これを非課税仕入といい，代表的なものとしては以下のとおりです。

- 借入金の利息
- クレジットカードの決済手数料（本来の売上代金−クレジットカード会社からの入金額）
- 住宅の賃借

さらに租税公課（印紙税や固定資産税）についても不課税取引に該当し，消費税はかかりません。

非課税・不課税の経費等については，仕入税額控除が認められません。この点，誤って課税仕入としてしまうと，消費税の過少申告となりますので気を付けてください。

3　簡易課税ってどんなしくみ？

原則として，仕入税額控除は課税仕入となる経費等について認められますが，**２年前（基準期間）の課税売上が5,000万円以下の事業者は「簡易課税制度」を採用することができます**。特に，フリーランスの理美容事業者の場合は，ほとんどの方が要件を満たすものと思われます。また，１店舗のみを運営している理美容事業者も，多くの方が要件を満たすのではないでしょうか。

具体的には，**課税売上のうち業種に応じた一定率が課税仕入であるとみなし（「みなし仕入率」といいます），仕入税額控除の計算を行う**ものです。

図表11－3　簡易課税みなし仕入率

区分	事業	みなし仕入率
第一種事業	卸売業	90%
第二種事業	小売業	80%
第三種事業	製造業，建設業，農業，林業，漁業	70%
第四種事業	飲食業その他	60%
第五種事業	サービス業，金融業	50%
第六種事業	不動産業	40%

理美容事業者の場合，サービス業ですので基本的にはみなし仕入率は50%となります。例えば課税売上が1,100万円（うち消費税額は100万円）だった場合，50%である550万円が課税仕入とみなされ，50万円が仕入税額控除の対象となるため，納付すべき消費税額は100万円－50万円＝50万円となります。

　たとえ実際の課税仕入が330万円（うち消費税は30万円）だったとしても，30万円ではなく50万円が仕入税額控除として認められます。原則的な方法と比べ，非常に計算が簡単ですよね。

　なお，**シャンプー，トリートメント，化粧品などの販売については，「小売業」に該当するため，その部分についてはみなし仕入率は80%となります。**

　このように，**2種類のみなし仕入率が混在する場合は，加重平均みなし仕入率を適用する方法（原則法）と，2種類のうち1種類の事業の課税売上高が全体の課税売上高の75%以上を占める場合には，その事業のみなし仕入率を全体の課税売上に対して適用することができる方法（特例計算）のいずれか有利なほうを選択することができます。**

156

例えば美容室で課税売上が1,100万円（うち消費税額は100万円）で，そのうち880万円（うち消費税額は80万円）がカットなどの売上で，220万円（うち消費税額は20万円）が，シャンプーやトリートメントなどの販売による売上だとすれば，以下のとおりとなります。

---

① 原則法

100万円（課税売上にかかる消費税額）

$$\times \frac{80万円\times50\% + 20万円\times80\%}{100万円（課税売上にかかる消費税額）} = 56万円$$

② 特例計算

800万円÷1,000万円＝80％≧75％→特例計算可能

100万円×50％＝50万円

よって，仕入税額控除が多くなる①の原則法のほうが有利

なお，事業の区分を行っていなければ，低いほうのみなし仕入率を適用して仕入税額控除を計算できますが，これでは不利となってしまいます。よって，**可能な限り売上の事業区分を行い，記帳したほうがよい**でしょう。

ちなみに，他にも事業を行っていて，みなし仕入率が３種類以上となる場合の特例計算は少し複雑です。

２種類の事業の課税売上高の合計額が全体の課税売上高の75％以上を占める事業者については，その２業種のうちみなし仕入率の高いほうの事業に係る課税売上高については，そのみなし仕入率を適用し，それ以外の課税売上高については，その２種類の事業のうち低いほうのみなし

仕入率をその事業以外のすべての課税売上げに対して適用することとなります。

　基準期間の課税売上が5,000万円以下の事業者は，原則的な方法，またはこの簡易課税制度のいずれか有利なほうを選択することができます。
　ただし，**簡易課税制度を採用するには，事前の届出が必要です。**さらに，**いったん簡易課税を選択した場合は，2年間は継続しなければなりません。**よって，簡易課税を選択しようとする場合は少なくとも将来2年間について，収入・経費の予測を立てていずれが有利となりそうか検討するようにしてください。

　一般的には，人件費の割合が多ければ，簡易課税のほうが有利となります。人件費は不課税取引だからです。
　ただし，店舗の内装工事や理美容機器の購入などで，課税仕入の金額が大きくなることがあります。それら**大口の固定資産の購入については，購入時に仕入税額控除が認められるため，簡易課税を選択しないほうが有利なケースもあります。**さらに，

課税売上にかかる消費税 ＜ 課税仕入にかかる消費税

であれば，消費税の還付を受けることができます。
　例えば，先ほどの**図表11−2**で，課税仕入が1,210万円（税込）だったとしましょう。
　この場合は，100万円（課税売上にかかる消費税）−110万円（課税仕入にかかる消費税）＝△10万円とマイナスになるため，納税とは逆に還付されます。

図表11-4　消費税が還付されるケース

　ここで，**消費税の還付を受ける場合には，課税事業者でなければ
ならず，免税事業者である場合は還付申告ができない**ことに注意が
必要です。開業初年分は，2年前である基準期間が存在しないため，原
則として免税事業者となってしまいます。

　課税事業者になるためには，「消費税課税事業者選択届出書」という
届出を税務署へ行わなければなりません。

　なかなか開業時にはこのような判断を行うことは難しいので，この辺
りに関してはあらかじめ税理士などの専門家にご相談することをお勧め
します。

第11章のまとめ

- ● 消費税はあくまで最終消費者が負担するもので，事業者は預かるのみ
- ● 理美容事業者にとっての売上はほとんどが課税売上になる一方，経費等についてはすべて課税仕入となるわけではなく，一部非課税・不課税となるものがある
- ● 中小規模の理美容事業者は，簡易課税を選択することで節税を行うことができるケースも多い

第12章
インボイス制度ってなに？

前章では，消費税の基本について見てきました。

現行制度（2022年1月現在）においては，原則として基準期間の課税売上高が1,000万円を超える事業者のみが，消費税の課税事業者となりますが，免税事業者も「消費税課税事業者選択届出書」を税務署へ提出することにより，課税事業者となることができます。積極的に課税事業者となるケースというのは多額の設備投資がある場合などに限られていました。

ただし，本章で解説するインボイス制度が始まると，積極的に免税事業者は課税事業者にならざるを得ない状況も想定されます。本章では，中小規模の事業者に大きな影響を与える可能性があるインボイス制度について，わかりやすく解説します。

Ⅰ　インボイス制度の概要

「**インボイス制度**」（正式には「適格請求書等保存方式」といいます）とは，2023（令和5）年10月1日から始まる消費税に関する新しい制度で，物やサービスの買手が仕入税額控除の適用を受けるためには，原則として，取引相手（売手）である登録事業者から交付を受けたインボイス（正式には「適格請求書」といいます）の保存等が必要となるものです。

　そして，そのインボイスを発行することができる登録事業者となるためには，課税事業者でなければなりません。つまり，免税事業者はインボイスを発行することができないため，免税事業者から物やサービスを購入する事業者は，その取引について仕入税額控除を受けられなくなるのです。言い換えると，**免税事業者から物やサービスを購入する事業者は，その分の消費税を新たに負担しなければならなくなります。**

　一方，**売手である登録事業者は，買手である取引相手（課税事業者に限ります）から求められたときは，インボイスを交付しなければなりません。**課税事業者ではない消費者や免税事業者などへは交付義務はありません。

　インボイスは，直訳すると「請求書」ということになるのですが，インボイス制度におけるインボイスとは，登録事業者が発行した請求書等で，以下の事項が記載されたものをいいます。

【インボイスの記載事項】

①　適格請求書発行事業者の氏名または名称および登録番号

② 取引年月日
③ 取引内容（軽減税率の対象品目である旨）
④ 税率ごとに区分して合計した対価の額（税抜または税込）および適用税率
⑤ 税率ごとに区分した消費税額等
⑥ 書類の交付を受ける事業者の氏名または名称

　①の登録番号が現行制度にはないものです。登録番号は，課税事業者が税務署へ申請することにより発行してもらえるものです。

　③の括弧内と④と⑤については，軽減税率対象商品を販売している場合に要求されるものです。理美容事業者は通常，売上のすべてが10％となるので，大部分の方はこのような記載は不要です。

　⑥は，いわゆる「宛名」です。インボイスの発行相手の氏名または会社名などを明記しなければなりません。

　なお，インボイスは必ずしも「請求書」というタイトルが書かれた書類でなくても問題ありません。領収書や仕入明細書等でも，①〜⑥の記載事項が明記されていれば有効なインボイスとして認められます。

　また，手書きのインボイスも認められます。

　ただし，インボイス制度には例外があり，以下に当てはまる場合等については，インボイスがなくても一定の事項を記載した帳簿のみの保存で仕入税額控除が認められます。

⑴ 3万円未満の公共交通機関による旅客の運送
⑵ 3万円未満の自動販売機および自動サービス機からの商品の購入等
⑶ 郵便切手類のみを対価とする郵便・貨物サービス（郵便ポストに差し出されたものに限ります）

(4) 従業員等に支給する通常必要と認められる出張旅費等（出張旅費，宿泊費，日当および通勤手当）

(1)，(2)および(3)のケースは，インボイスを交付することが困難であると認められるため，インボイスの交付義務が免除されるものです。

また以下のように，不特定かつ多数の者と取引を行う事業については，インボイスに代えて，簡易インボイス（適格簡易請求書）の交付を行うことができます。

- 小売業
- 飲食店業
- 写真業
- 旅行業
- タクシー業
- 駐車場業（不特定かつ多数の者に対するものに限ります）
- その他これらの事業に準ずる事業で不特定かつ多数の者に資産の譲渡等を行う事業

簡易インボイスの記載事項は以下のとおりです。

【簡易インボイスの記載事項】

① 適格請求書発行事業者の氏名または名称および登録番号
② 取引年月日
③ 取引内容（軽減税率の対象品目である旨）
④ 税率ごとに区分して合計した対価の額（税抜または税込）

⑤　税率ごとに区分した消費税額等または適用税率

インボイスと簡易インボイスの記載事項の違いはどこでしょうか？

大きな違いとしては，インボイスの⑥，つまり宛名の記載の省略が認められます。不特定多数のお客さんがいる事業者に，いちいち宛名の記載を求めるのは酷，という考え方から簡易インボイスが許容されました。

ただし，**理美容事業者には簡易インボイスの発行は認められません**ので，気を付けてください。

インボイス制度が定められた背景は，「益税」の解消にあります。益税とは，消費者が事業者に支払った消費税が納税されずに事業者の利益となってしまうことをいいます。

つまり，免税事業者は消費税の納税義務はないため，消費税分を受け取ったとしても，納税する必要はないのです。免税事業者だからといって，消費税という名目でお客さんへ請求してはいけない，という規則はありません。よって，免税事業者は消費税分を丸々もらえることになります。この分をなるべく納税させようというのが，インボイス制度の目的なのです。

インボイス制度は2023（令和5）年10月1日から適用が開始されますが，登録申請の受付は2021（令和3）年10月1日から開始されました。登録申請にあたっては，「適格請求書発行事業者の登録申請書」（**図表12-1**）を管轄の税務署へ提出します。

e-Taxでも登録申請が可能で，個人事業者については，スマホでも申請することができます。

166

図表12－1　適格請求書発行事業者の登録申請書

第1－(1)号様式

国内事業者用

適格請求書発行事業者の登録申請書

【1／2】

収受印

令和　年　月　日	申	（フリガナ）			
		住 所 又 は 居 所 （ 法 人 の 場 合 ） 本 店 又 は 主 た る 事 務 所 の 所 在 地	（〒　　－　　　） ◎（法人の場合のみ公表されます） （電話番号　　　－　　　－　　　）		
		（フリガナ）			
	請	納 税 地	（〒　　－　　　） （電話番号　　　－　　　－　　　）		
		（フリガナ）	◎		
		氏 名 又 は 名 称			
	者	（フリガナ）			
		（ 法 人 の 場 合 ） 代 表 者 氏 名			
＿＿＿＿ 税務署長殿		法 人 番 号			

　この申請書に記載した次の事項（◎印欄）は、適格請求書発行事業者登録簿に登載されるとともに、国税庁ホームページで公表されます。
1　申請者の氏名又は名称
2　法人（人格のない社団等を除く。）にあっては、本店又は主たる事務所の所在地
　なお、上記1及び2のほか、登録番号及び登録年月日が公表されます。
　また、常用漢字等を使用して公表しますので、申請書に記載した文字と公表される文字とが異なる場合があります。

　下記のとおり、適格請求書発行事業者としての登録を受けたいので、所得税法等の一部を改正する法律
（平成28年法律第15号）第5条の規定による改正後の消費税法第57条の2第2項の規定により申請します。
　※　当該申請書は、所得税法等の一部を改正する法律（平成28年法律第15号）附則第44条第1項の規定に
　　より令和5年9月30日以前に提出するものです。

　令和5年3月31日（特定期間の判定により課税事業者となる場合は令和5年6月30日）までにこの申請書を提出
した場合は、原則として令和5年10月1日に登録されます。

事 業 者 区 分	この申請書を提出する時点において、該当する事業者の区分に応じ、□にレ印を付してください。
	□　課税事業者　　　　　　□　免税事業者
	※　次葉「登録要件の確認」欄を記載してください。また、免税事業者に該当する場合には、次葉「免税 事業者の確認」欄も記載してください（詳しくは記載要領等をご確認ください。）。
令和5年3月31日（特定期間の判定により課税事業者となる場合は令和5年6月30日）までにこの申請書を提出することができなかったことにつき困難な事情がある場合は、その困難な事情	
税 理 士 署 名	 （電話番号　　　－　　　－　　　）

※ 税 務 署 処 理 欄	整理 番号		部門 番号		申請年月日		年　　月　　日	通 信 日 付 印 年　　月　　日	確 認	
	入力処理	年　　月　　日	番号 確認		身元 確認	□ 済 □ 未済	確認 書類	個人番号カード／通知カード・運転免許証 その他（　　　　　　　　　）	
	登録番号	T								

注意　1　記載要領等に留意の上、記載してください。
　　　2　税務署処理欄は、記載しないでください。
　　　3　この申請書を提出するときは、「適格請求書発行事業者の登録申請書（次葉）」を併せて提出してください。

インボイス制度

この申請書は、令和三年十月一日から令和五年九月三十日までの間に提出する場合に使用します。

第1−(1)号様式次葉

国内事業者用

適格請求書発行事業者の登録申請書（次葉）

【2／2】

氏 名 又 は 名 称

<table>
<tr><td rowspan="5">免税事業者の確認</td><td colspan="6">該当する事業者の区分に応じ、□にレ印を付し記載してください。</td></tr>
<tr><td colspan="6">□　令和5年10月1日の属する課税期間中に登録を受け、所得税法等の一部を改正する法律（平成28年法律第15号）附則第44条第4項の規定の適用を受けようとする事業者
※　登録開始日から納税義務の免除の規定の適用を受けないこととなります。</td></tr>
<tr><td>個 人 番 号</td><td colspan="3"></td><td colspan="2"></td></tr>
<tr><td>事業内容等</td><td>生 年 月 日 （ 個人 ） 又 は 設 立年 月 日 （ 法 人 ）</td><td>1明治・2大正・3昭和・4平成・5令和

年　　　月　　　日</td><td>法人のみ記載</td><td>事業年度

資 本 金</td><td>自　　月　　日
至　　月　　日

　　　　　　　円</td></tr>
<tr><td>事 業 内 容</td><td colspan="4"></td></tr>
</table>

<table>
<tr><td rowspan="2">（続き）</td><td colspan="2">□　消費税課税事業者（選択）届出書を提出し、納税義務の免除の規定の適用を受けないこととなる課税期間の初日から登録を受けようとする事業者</td><td>課 税 期 間 の 初 日
※　令和5年10月1日から令和6年3月31日までの間のいずれかの日</td></tr>
<tr><td></td><td></td><td>令和　　年　　月　　日</td></tr>
</table>

<table>
<tr><td rowspan="3">登録要件の確認</td><td>課税事業者です。
※　この申請書を提出する時点において、免税事業者であっても、「免税事業者の確認」欄のいずれかの事業者に該当する場合は、「はい」を選択してください。</td><td>□ はい □ いいえ</td></tr>
<tr><td>消費税法に違反して罰金以上の刑に処せられたことはありません。
（「いいえ」の場合は、次の質問にも答えてください。）</td><td>□ はい □ いいえ</td></tr>
<tr><td>その執行を終わり、又は執行を受けることがなくなった日から2年を経過しています。</td><td>□ はい □ いいえ</td></tr>
</table>

<table>
<tr><td>参 考 事 項</td><td></td></tr>
</table>

この申請書は、令和三年十月一日から令和五年九月三十日までの間に提出する場合に使用します。

2 小規模事業者への一般的な影響

　以上のとおり，インボイス制度が始まると，原則としてインボイスがなければ課税事業者は仕入税額控除を受けることができなくなります。簡単な例で見ていきましょう。

図表12－2　インボイス制度導入前

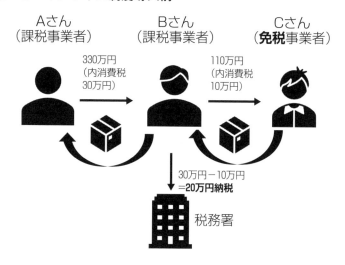

　ある商品が，ＣさんからＢさんへ税込110万円（うち消費税10万円）で，さらにＢさんからＡさんへ税込330万円（うち消費税30万円）で販売されたとしましょう。ＡさんとＢさんは課税事業者，Ｃさんは免税事業者とします。ここで，Ｂさんの消費税の納税額を考えてみたいのですが，

　売上に係る消費税額30万円－仕入に係る消費税額10万円＝20万円
となります。

　現行制度では，Ｃさんが課税事業者ではなく，免税事業者であっても

Ｂさんは仕入に係る消費税額10万円を仕入税額控除として売上に係る消費税から差し引くことができます。Ｃさんが消費税を納税していないにもかかわらず，Ｂさんは仕入税額控除を受けられる，という状態なのです（このＣさんが消費税10万円を納税する必要がない状態が，前述の益税に当たります）。

図表12－3　インボイス制度導入後

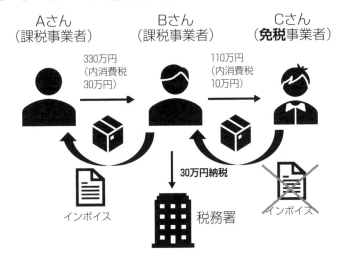

一方で，インボイス制度が始まり，ＡさんとＢさんは課税事業者であり，インボイスの発行事業者として登録済みであったとします。免税事業者であるＣさんは，インボイスの発行事業者としての登録を行うことはできないため，インボイスを発行することはできません。

よって，Ｂさんは，Ｃさんへ支払った仕入代金について，仕入税額控除を受けることができず，売上に係る消費税額30万円を全額負担しなければなりません。

この場合，ＢさんおよびＣさんはどのような影響を受けるでしょう

か？

　Bさんは，Cさんに対する支払いについて，仕入税額控除を受けることができないため税負担が増えてしまいます。そこで，

---

①　Cさんへ，税負担が増えた分，値引きを要求する

②　Cさんとの取引をやめて，他の課税事業者であるインボイス発
　　行事業者との取引に切り替える

といった行動に出る可能性があります。

　Cさんとしては，①の場合は，売上が減ってしまい，②の場合は，得意先を失ってしまい，さらに大幅に売上が減るといった悪影響が出る可能性があります。

3　理美容事業者への影響

　では，理美容事業者にとっての影響はどうでしょうか。

　前節の例でもわかるようにインボイス制度は，お客さんが課税事業者の場合に影響が出る可能性があります。課税事業者は，支払った経費について仕入税額控除を受けることができなければ，インボイス制度が始まる前と比較して税負担が増えてしまうためです。

　理美容事業者のお客さんは，事業者の方も一定数いることでしょう。ただし，お客さんが事業者であったとしても，カット代やカラー代を経費として申告しなければ，インボイスを要求してくることはありません。カット代やカラー代を経費として申告することができるのは，モデルさんや同業者（同業者が研修として，カット等を受けに来る可能性はありますよね）などの一部の人だと思われます。

　よって，さほど影響はないと思われます。もっとも，本来は経費にす

ることができないにもかかわらず，経費に算入しようとする事業者から
インボイスを要求される可能性はあるかと思います。そのようなことま
で考慮して，あえて課税事業者となり，インボイス発行事業者となるか
どうかは判断の分かれ目になるでしょう。

　ただし，お客さんが事業者であったとしても，

---

① 　免税事業者である場合
② 　課税事業者ではあるものの，簡易課税を選択している事業者

である場合は，インボイスが不要なので，要求してくる可能性も低いで
しょう。

　つまり，①の場合，そもそもお客さんは消費税の納税義務はありませ
ん。②の場合のお客さんは，消費税の納税義務はありますが，仕入控除
税額を計算するに当たって，売上に係る消費税から計算することになり
ます。よって，実際に負担した消費税に関係なく仕入控除税額が決まる
ので，インボイスをもらう必要はないのです。

　以上から，総合的に判断すれば，**理美容事業者は比較的インボイ
ス制度による影響は少ないといえるかもしれません。**

4　様子見時間がある

　前述のとおり，インボイス制度は2023（令和5）年10月1日から始ま
りますが，導入されてからすぐに免税事業者からの仕入等について，
100％仕入税額控除が認められなくなるというわけではありません。イ
ンボイス制度による影響を緩和するために，経過措置（様子見時間）が
定められています。

172

図表12-4　仕入税額が認められる経過措置

期　　間	割　合
2023年10月1日〜2026年9月30日	8割
2026年10月1日〜2029年9月30日	5割

　インボイス制度開始後の2023（令和5）年10月1日から2026（令和8）年9月30日の3年間は，免税事業者からの仕入れ等については，その8割が，2026（令和8）年10月1日から2029（令和11）年9月30日の3年間には，その5割が仕入税額控除として認められることとなります。

　免税事業者としては，その経過措置の間に課税事業者となるかどうか対応を検討することも考えられます。

5　インボイス制度への対応

　以上のとおり，免税事業者へ影響を与える可能性があるインボイス制度ですが，免税事業者としては以下の2パターンの対応を取ることになります。

(1)　課税事業者となり，インボイス発行事業者の登録を受ける

　お客さんからインボイスを要求されることに備え，あえて課税事業者となりインボイス発行事業者の登録を受けるということです。お客さんを失ってしまったり，今後の顧客獲得のための障害を取り除くためにはやむを得ないという判断から，この選択をする事業者は多くなるかもしれません。

(2)　登録をせず，免税事業者のままでいる

　お客さんが負担増しになることを承知で，免税事業者のままでいると

いうことです。例えば，免税事業者がアーティストやタレントなど唯一無二の存在であったり，希少品の販売をしているような事業者であれば，お客さんは例え消費税分負担増しになったとしても，取引を続けてくれることでしょう。そのような場合は，特に気にせず免税事業者であり続けるというのも1つです。

　そうでなくとも，お客さんが減っても構わないと考えてしまえば，免税事業者のまま事業を続けるという人も出てくることと思います。

　免税事業者の方は，実際に事業に与える影響を加味して，インボイス制度へ対応することが迫られます。

第12章のまとめ

- ● インボイス制度が始まると，インボイス発行事業者が発行したインボイス（適格請求書）がないと原則として仕入税額控除を受けられなくなってしまう
- ● 一定の場合にはインボイスが不要であったり，また簡易インボイスの発行が認められる
- ● 今まで免税事業者であった理美容事業者への影響はそれほど大きくはないと予想されるが，課税事業者となるか，免税事業者であり続けるかの選択は迫られる

第13章

法人を作ると節税になる？

前章まで，所得税と消費税について見てきました。
ここまでで，個人事業主として仕事を行っている人
にとっては十分な税金の知識を得ることができたこ
ととと思います。しかし，個人事業主として軌道に乗
ってくると，多くの方が多額の税負担に頭を抱える
ことになります。
本章で解説している法人化は，条件が揃えばかなり
の節税が見込めますので，ぜひ最後まで読み進めて
みてください。

Ⅰ　法人化ってなに？

　そもそも法人とは何でしょうか？

　法人とは，人間以外で法律上の権利義務の主体となり得るものと定義されています。私たち生身の人間のことを，法人と区別するために自然人と呼ぶこともあります。この辺はあまり税金の話とは関係がないので，法人は生身の人間とは全く別個の存在なんだな，程度の理解で十分です。

　個人事業主が法人を設立して，法人で事業を行うようになることを「**法人化**」（＝法人成り）といいますが，なぜ法人化する人が多いのでしょうか。もちろん，法人化にはメリットがあるからです。メリットについては次節で解説します。

　法人化するというのは，具体的には自分や配偶者，子供が出資して法人を設立するということです。つまり，自分や家族が出資者である株主（オーナー）となり，法人を運営するのです。そして，この場合の代表者（代表取締役）も通常は自分や家族が務めることになります。

　法人の形態としては，一般的には株式会社，合同会社および一般社団法人が考えられます。それぞれメリット・デメリットはあるのですが，法人設立にかけられるコストや法人を大きくして，さまざまな事業を行っていくつもりであれば株式会社が望ましく，とにかく法人設立にかけるコストを抑えたい，法人を大きくしていくつもりはないという場合には，合同会社が適しているといえます。

　なお，公益的な事業を行う予定があれば，収入の一部を非課税とすることができる一般社団法人が望ましいかと考えられますが，理美容事業者の法人化を考えた場合は，あまり適さないと考えられます。

図表13－1　法人の形態

	株式会社	合同会社	一般社団法人
社員（オーナー）の数	1名以上	1名以上	2名以上
役員（取締役，理事）の数	1名以上		
設立までの期間	最短2週間程度		
設立費用	21万円程度	6万円程度	12万円程度
持分に対する相続税	課税	課税	親族で支配していれば課税

　一般社団法人は，株式会社，合同会社と比較するとやや公益的な法人の位置づけであり，設立時の社員（オーナー）は2名以上必要です。以前は一般社団法人に対する持分（株式会社でいうところの株式のこと）については相続税が課税されないというメリットがあったため，節税の手段としてよく使われていました。

　ただし，実質的には株式会社などの営利企業と変わらないことから，平成30年度税制改正において，親族により支配されている一般社団法人については，相続税が課税されるようになりました。よって，今まで使えた節税手段が使えなくなる可能性があるので注意してください。

2　法人化のメリット

　ある程度軌道に乗ってきた個人事業主は，法人化するケースが多いですが，法人化には以下のようなメリットがあります。

(1)　所得が一定水準を超えると法人税率のほうが低くなる

　第1章で述べたとおり，所得税は所得が多くなるほど段階的に高い税率が適用される超過累進課税により計算されます。

〈所得税の税率〉

課税所得金額	税　率
195万円以下	5％
195万円超330万円以下	10％
330万円超695万円以下	20％
695万円超900万円以下	23％
900万円超1,800万円以下	33％
1,800万円超4,000万円以下	40％
4,000万円超	45％

※復興特別所得税が2037（令和19）年まで所得税の2.1％かかりますが，説明を簡潔にするため本書では割愛しています。

　一方で，個人の住民税率は一定でした。

〈住民税の税率〉

内　訳	税　率
市町村民税	6％
都道府県民税	4％
合　計	10％

　ここで，後述する法人税との税額比較とのため，個人事業税のしくみを解説します。

　所得税と住民税に加えて，個人の方が営む事業のうち，一定のものについては「個人事業税」が課税されます。ほとんどの事業が対象となり，理美容事業者も対象となります。

　個人事業税の金額は以下のとおりです。

> 個人事業税の税額＝（事業所得＋所得税の事業専従者給与（控除）額
> 　　－個人事業税の事業専従者給与（控除）額＋青色申告特別控除額－
> 　　各種控除額）×税率

　やや長い算式ですが，個人事業税の税額は，要は所得税の事業所得の金額に青色申告の場合は青色申告特別控除を足し戻し，一定の控除額を控除するという理解でおおむね問題ありません。事業税の計算にあたっては，青色申告特別控除はないものとして扱われるので，そのようになっています。言い換えると，個人事業税は青色申告特別控除適用前の所得が基準となる，ということです。

　また，所得税の事業専従者給与（控除）額を足した後，個人事業税の事業専従者給与（控除）額を差し引いていますが，これは所得税の事業専従者給与額（白色申告の場合は専従者控除額，以下同様）と個人事業税の事業専従者給与額は，異なる場合があるためです。
　具体的には，配偶者やその他の家族について，配偶者控除や扶養控除を受けた場合は，専従者給与額を所得税の計算上は経費にできませんが，個人事業税の計算上は経費にすることができます。
　各種控除額のうち，主なものは「事業主控除」と呼ばれるもので，すべての人に1年間で290万円（営業期間が1年未満の場合は月割した額）認められます。
　よって，**個人事業税はおおむね所得が290万円を超えると課税されると理解しておけばよいでしょう。**
　そして個人事業税の税率ですが，業種により3％～5％です。多くの事業者が5％であり，理美容事業者の大部分も5％です。ただし，あんま・マッサージまたは指圧・はり・きゅう・柔道整復その他の医業に類

する事業については，3％とされています。

〈個人事業税の税率〉

事業の種類	税率
下記以外の大部分の事業	5％
畜産業，水産業など	4％
あんま・マッサージまたは指圧・はり・きゅう・柔道整復その他の医業に類する事業	3％

　では，法人税率はどうでしょうか。

　法人税率は個人の所得税よりもさらに複雑なので，始めからすべて合わせた税率で示します。下記は，法人税および地方法人税（国税）と地方税を合わせた税率で，資本金の額が1億円以下で，かつ法人税額が年1,000万円以下の中小規模の法人を前提としています。

所得金額	税率（国税＋地方税）
400万円以下	21.4%
400万円超800万円以下	23.2%
800万円超	33.6%

　法人も，個人の所得税ほどではありませんが所得水準に応じて税率が上がります。法人は，最低でも20％超は税金がかかるため，所得が低水準であれば，個人よりも税率は高いですが，一定金額を超えると税率が逆転します。

　よって，**個人事業が軌道に乗ってきて所得が増えてくると，法人化したほうが税額を抑えられることができるようになり，この点が法人化のメリットとなる**のです。具体的にいくらくらいの所得であれば，法人のほうが有利であるかは，次節でシミュレーションします。

⑵　代表者への役員報酬に給与所得控除が認められる

　個人事業主の場合，事業所得全額に対して税金がかかってきます。一方で，法人化をして，自分が代表者となると，役員報酬を法人から支給することになりますが，役員報酬についてもサラリーマンの給与と同様，給与所得控除が認められるのです。**第9章**で掲げた給与所得控除額の一覧を再掲します。

給与収入 （源泉徴収票の「支払金額」）	給与所得控除額
162.5万円以下	55万円
162.5万円超180万円以下	収入金額×40％－10万円
180万円超360万円以下	収入金額×30％＋8万円
360万円超660万円以下	収入金額×20％＋44万円
660万円超850万円以下	収入金額×10％＋110万円
850万円超	195万円（上限）

　給与所得控除の金額分は，所得を減らすことができるため，その点においては個人事業主の場合よりも，法人化して自分へ役員報酬を支払ったほうが有利となるのです。

⑶　青色申告を行うことにより欠損金を10年間繰り越すことができる

　第3章で述べたとおり，個人事業主についても事業所得で赤字が出てしまった場合に，赤字を3年間繰り越すことができる「純損失の繰越控除」が認められますが，法人の場合はさらに優遇されていて，青色申告を行った年度に生じた欠損金（法人の所得のマイナス）については，10年間繰り越すことができます。事業を立ち上げた際は，多額の赤字となることも多く，損失を10年間繰り越すことができるという点は非常に大

きなメリットといえます。

　なお，法人の青色申告は，50ページの個人の取消しに加えて以下の場合にもきちんと申告をしていると認められないため，青色申告が取り消されてしまいます。

> ● 2期連続で確定申告書を提出期限内に提出しなかった場合

　これはたまに見受けられるので，注意してください。

⑷　家族へ給料を支払うことにより節税ができる

　個人事業主でも，家族を専従者とし，給与を支払うことは可能ですが，**第3章**で述べたとおり1年のうち半分を超える期間について仕事を行っている必要があるなどの要件が必要でした。法人を設立して，配偶者やその他の家族を役員や従業員にしたとしても，専従者という考え方はしないので，そのような要件は求められず，個人事業主の場合よりも給与が支払いやすくなるといえます。

　また，自分1人に役員報酬を集中して払うよりも，家族に分散することにより所得税率を下げることができ，さらに，家族へ支払った給与については，自分への給与とは別に家族各人に給与所得控除が認められるため，家族全体で考えると節税になります。

⑸　代表者や家族についても福利厚生費が認められる

　福利厚生とは，企業が従業員へ与える給与以外の非金銭的な報酬やサービスのことをいいます。よって，個人事業主の場合は，個人事業主本人や家族への福利厚生というのは成立せず，自分や家族に関する福利厚生費の支出は経費として認められません。福利厚生費とは，具体的には以下のようなものを指します。

- 健康診断費用
- 昼食代
- 社員旅行
- 忘年会，歓送迎会などの飲み会の費用

　法人の場合は，代表者は法人とは別個の存在であるため，福利厚生を受ける対象となります。よって，代表者を含めた役員に加えて，全従業員を対象にした福利厚生に関する費用は，経費として落とせることとなります。ただし，以下のことに注意が必要です。

- 福利厚生の対象を明確にした規程を作成しておくこと
- 常識的に考えて妥当な金額とすること
- 役員だけを対象としたものでないこと

　仮に税務調査で一部の人だけを対象とした福利厚生であると判断されれば，その人に対する給与として扱われます。役員であれば，臨時的な給与として扱われ，損金不算入（経費にできないこと）となってしまいます。

(6)　役員の社宅も経費として認められる

　個人事業主が自宅とは別に事務所や店舗を構えている場合，自宅の家賃については経費にすることはできません。自宅の家賃はすべてプライベートの支出と考えられるためです。一方で，法人の場合，代表者である役員でも社宅という形であれば，家賃を経費にすることができます。ただし，以下の2点が条件とされます。

① **賃貸借契約を法人名義で締結すること**

役員個人の名義での賃貸借契約は，法人とは一切関係のないものと扱われ，社宅にすることはできません。

② **役員から一定額の家賃を徴収すること**

役員に対して社宅を貸与する場合，役員から1か月当たり一定額を徴収しなければ，経済的利益を与えているということで，給与として課税されてしまいます。よって，通常給与として課税されることを防ぐために，一定額を徴収するのですが，その一定額のことを「賃貸料相当額」といいます。ことばがややこしいのですが，賃貸料相当額とは家賃相場ではありません。役員に貸与する社宅が小規模な住宅※である場合の賃貸料相当額は，以下のイ）からハ）までの合計額となります。

イ）（その年度の建物の固定資産税の課税標準額）×0.2％

ロ）12円×（その建物の総床面積（㎡）／（3.3㎡））

ハ）（その年度の敷地の固定資産税の課税標準額）×0.22％

※小規模な住宅とは，法定耐用年数（減価償却を行う上で，計算の基礎となる年数）が30年以下の建物の場合には床面積が132㎡以下である住宅，法定耐用年数が30年を超える建物の場合には床面積が99㎡以下である住宅をいいます。

なお，役員に貸与する社宅が小規模な住宅に該当しない場合は，賃貸料相当額の計算は異なってきます。本書では割愛しますが，詳細は所得税法基本通達などに定められており，国税庁のホームページで確認することができます（https://www.nta.go.jp/taxes/shiraberu/taxanswer/gensen/2600.htm）。

賃貸料相当額は，上記のように非常に細かいのですが，厳密に計算してみると通常の家賃の20％以内に収まることが多いです。よって，例えば家賃が10万円で，賃貸料相当額が20％の2万円だったとしたら，10万

円－2万円＝8万円を法人の経費とすることができます。

　なお，従業員へ社宅を貸与する場合はさらに優遇されていて，賃貸料相当額の50％以上を従業員に負担させれば，給与として課税されなくて済みます。

3　法人化のタイミング

　では，いつ法人化をするのがよいのでしょうか。まず所得税と法人税の比較の観点から説明します。前述のとおり，個人は法人と比較して所得が少ないうちは税率が低いのですが，所得が増えるほど大幅に高くなり，法人の税率よりも高くなります。

　よって，どこかで法人に課される税金のほうが少なくなる水準があるのですが，もう1つ加味しなければならないのが，地方税のうち，「均等割」と呼ばれる所得に比例しない税金です。個人だと年間5千円程度，法人だと最低で年間7万円程度です。均等割については，法人が個人を大幅に上回ります。それらを含めて，個人と法人の実際の税負担額に基づく税率を計算し，比較したのが**図表13－2**のグラフです。

　なお，前提として個人については所得控除は誰にでも認められる基礎控除（控除額48万円）のみとします。また，青色申告を行っており，青色申告特別控除額は65万円とします。さらに，法人における地方税均等割は，資本金によって大幅に増えますが，ここでは最低の7万円とします（以後同様の前提を置きます）。また，各種数値は概算になります。

　グラフのとおり，所得が700万円程度になると個人の税率のほうが高くなってしまいます。

　よって，その辺りを目安に法人化を検討するのがよいでしょう。ただし，法人の場合に代表者へ給与（役員報酬）を支払うことになるかと思いますが，給与についても当然税金がかかります。その点も合わせて考

186

図表13－2 「個人」と「法人」の実際の税負担額に基づく税率比較

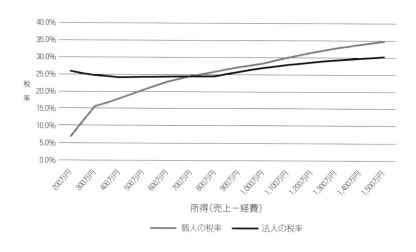

慮しなければなりません。

　具体的に所得1,000万円の場合で検証してみましょう。

　個人事業主で所得1,000万円の場合の所得税は，

所得税：1,404,100円

住民税：894,500円

個人事業税：532,500円

合計　2,831,100円

となります。

　一方，法人の場合，法人税（法人住民税を含みます。以下同様）は

法人税：1,664,000円

地方法人税：171,300円

都道府県民税：186,400円

事業税：492,000円

特別法人事業税：182,000円

合計　2,695,700円

となります。よって，

$$2,831,100円－2,695,700円≒13万円$$

が節税額となります。

　また，法人から代表者へ給与を支払う場合，うまく給与額を設定すればさらなる節税につながります。

　例えば，代表者へ年間400万円の給与（役員報酬）を支払う場合，法人の所得は，

$$1,000万円－400万円＝600万円$$

となるので，所得金額が600万円の法人税は，

法人税：900,000円

地方法人税：92,700円

都道府県民税：133,000円

事業税：246,000円

特別法人事業税：91,000円

合計　1,462,700円

となります。

　ここで考えなければならないのが，代表者の所得税です。法人から給与をもらえば代表者に所得税がかかります。自分が設立した法人からの給与に税金はかからない，なんてことはありません。自分自身が設立した法人でも，個人とは切り離された存在になるのです。

　ただし，給与にも一定額の控除が認められていましたよね。そうです，給与所得控除です。代表者の所得税は，

400万円－給与所得控除※（400万円×20％＋44万円）

＝276万円…総所得金額　　※給与所得控除については2(2)参照。

276万円－48万円（基礎控除）＝228万円…課税所得金額

$$228万円 \times 10\% - 9.75万円 = 13.05万円 \cdots 所得税$$

$$228万円 \times 10\% = 22.8万円 \cdots 住民税$$

となります。

　よって，法人税と代表者の給与に係る所得税および住民税を合計すると，

$$146.4万円 + 13.5万円 + 22.8万円 = 182.7万円$$

となり，個人事業の場合よりも，

$$283万円 - 182.7万円 = 100.3万円$$

節税になることがわかります。

　もし，事業主に配偶者がいれば，配偶者に所得税がかからない範囲（年間103万円以下）で給与を支払うことにより，さらなる節税ができることになります。

　以上は，所得に対して課税される所得税と法人税の比較の観点から，法人化する適切なタイミングを検討してみました。

　もう1つ事業活動を行ううえで考えなければならない税金がありますよね。そうです，消費税です。**第11章**で，基準期間（2年前の会計期間）の課税売上高が1,000万円を超えた場合に消費税の課税事業者となると説明しましたが，法人の場合も原則として同様です。

　つまり，第1期と第2期は基準期間がないため，消費税の課税事業者となるのは通常第3期からであり，個人から法人化した場合は，たとえ個人事業主のときに課税事業者であったとしても，法人になった年は第1期となるため，法人化後の2会計年度の間は免税事業者になれるのです。

　法人化により，2年間消費税が免除されるというのも，法人化の大きなメリットです。よって，法人化のタイミングをうまく行えば，たとえ個人事業主として開業して1年めから課税売上高が1,000万円を

超えてしまっても，個人事業主としての1年め，2年めおよび法人化後の第1期，第2期の合計4年間，消費税の免税事業者となれるのです。

　なお，**法人の場合は，第1期の期首に資本金または出資金の額が1,000万円以上の場合は，第1期から消費税の課税事業者となってしまうため要注意です**（仮に，第2期に増資して資本金または出資金の額が1,000万円以上となった場合は，第2期から消費税の課税事業者となってしまいます）。

　もちろん消費税については，第12章で解説した**インボイス制度も考慮する必要があります**。たとえ，開業後4年間免税事業者のままでいられるとしても，インボイス制度によるマイナスの影響を考えれば，消費税の観点から法人化のタイミングを考える必要はなくなるかもしれません。

　インボイス制度のマイナスの影響を考慮した結果，仮に開業当初から消費税の課税事業者となることを選択した場合は，消費税は免除されることはないため，前述の所得税と法人税の比較の観点から検討すればよいことになります。

4　法人設立手続の流れ

　以下，株式会社の設立手続の流れを説明します。

(1)　基本的事項を決定する

　株式会社の設立に当たっては，主に以下の事項を決定します。

- 発起人：会社の設立手続を行う人です。必ず1株以上の株式を引き受け，株主となります。小規模会社の場合，発起人はオーナー株主となり，代表取締役に就任するケースが多いです。

- 商号：会社名であり，原則として自由に決めることができますが，類似商号については事前に確認しておきましょう。
- 事業目的：行う予定がある事業の他，行う可能性がある事業を盛り込んでおいたほうがよいです。
- 本店所在地：会社の住所であり，始めからオフィスを構えない場合は，自宅の住所とすることもできます。
- 資本金の額：株式会社設立に際して，出資される財産の価額であり，1円以上であれば自由に決めることができます。
- 発行可能株式総数，設立に際して発行する株式数：発行可能株式総数とは，株式会社が発行することのできる株式の総数のことで，設立に際して発行する株式数は，その範囲内で決定します。
- 役員：株式会社の場合，原則として取締役1名を置けばよく，小規模会社の場合，発起人が就任することが多いです。
- 決算期：個人事業の決算日は必ず12月31日ですが，法人は自由に決めることができます。

(2) 定款を作成する

　定款とは，会社の憲法と表現されるもので，上記の基本的事項の他，株式会社の重要事項が記載されます。

(3) 定款の認証を受ける

　定款は，作成したらそれで終わりというわけではなく，公証役場において公証人のチェックを受けます。公証人の認証を受けて，初めて有効な定款として扱われます。なお，定款の認証には，認証手数料5万円を支払う必要があります。

⑷　会社の印鑑を作成する

法人設立にあたっては，印鑑登録が必要であるため，印鑑を発注し，作成してもらいます。実印となるもの1つでも問題ありませんが，通常は銀行届出印と角印を別途発注します。

⑸　資本金の払込み

発起人は引き受けた株式に相当する金銭の出資を行います。会社設立前は，会社名義の口座は存在しないため，通常は発起人個人の口座へ振り込みます。

⑹　登記申請

登記申請書類を揃えて，本店所在地を管轄する法務局等へ登記申請を行います。ご自身でも申請は可能ですが，司法書士へ依頼すれば代行してもらえます。また，この際登録免許税が最低15万円かかります。

⑺　会社成立

登記申請を終えて，受理されると法務局等が指定した日までに連絡がなければ無事，会社が成立します。

⑻　設立後の手続

会社成立後は，以下の手続が必要です。
① 税務署での手続
法人設立の日以後2か月以内に法人設立届出書を，本社を管轄する税務署へ提出します。また，青色申告を行うには，青色申告承認申請書を設立の日以後3か月を経過した日と初年度の終了の日とのうちいずれか早い日の前日までに提出する必要があります。その他，必要に応じて以

下の書類などを提出します。

- 源泉所得税の納期の特例の承認に関する申請書
- 給与支払事務所等の開設届出書
- 棚卸資産の評価方法の届出書
- 減価償却資産の償却方法の届出書
- 消費税課税事業者選択届出書
- 申告期限の延長の特例の申請

② 都道府県税事務所・市町村役場

　①は国税に関する届出でしたが，地方税に関しても法人設立の際には届出が必要です。都道府県民税については都道府県税事務所へ，市町村民税については市町村役場へ，法人設立届出書の提出が必要です。なお，東京23区内は，都税事務所のみに提出すればよいことになっています。

③ 年金事務所

　社会保険に加入する場合は，年金事務所へ健康保険・厚生年金保険新規適用届，健康保険・厚生年金保険被保険者資格取得届を提出します。また，家族を被扶養者にする場合は，健康保険被扶養者届も提出する必要があります。

④ 労働基準監督署

　従業員を雇い入れた場合は，労働基準監督署等へ保険関係成立届と概算保険料申告書を提出し，労働保険料については概算額を納付することになります。

⑤ 公共職業安定所（ハローワーク）

　雇用した従業員に，雇用保険の適用対象者がいる場合は，雇用保険適用事業所設置届と雇用保険被保険者資格取得届を管轄する公共職業安定所（ハローワーク）へ提出します。

5　法人化のデメリット

　法人を設立した場合には，節税になるなどのメリットがあることは前述のとおりですが，一方でデメリットもあります。法人の設立に際しては，メリットが以下のデメリットを上回るかどうかという点を確認するようにしましょう。

⑴　コストがかかる

　前述のとおり，法人の設立には費用がかかります。登録免許税と定款認証手数料だけでも株式会社で20万円，合同会社6万円最低かかってしまいます。また，法人は個人と比べて，確定申告書を作成することが困難で，税理士に依頼する場合は，最低でも年間で10万円程度かかることが多いです。

　また，法人の場合は，所得がゼロ以下でも発生する地方税均等割が，最低でも年間で7万円かかってしまいます。

⑵　手間がかかる

　前節で述べたとおり，法人設立には手間と時間がかかります。最近はクラウド上で設立登記申請書類を安価に作成できるサービスも出てきましたが，それでも自分でやらなければならないことは数多くあります。

⑶　社会保険への強制加入

　役員報酬を支払う場合は，原則として社会保険に加入しなければならず，個人事業主のときの国民健康保険料と比較して，保険料が増加する可能性もあります。

(4) 税務調査の可能性が高まる

　税務調査の実調率（実地調査件数 ÷ 対象法人数，税額のある申告を行った納税者数）は，法人で３％程度，個人で１％程度となっています。よって，法人のほうが税務調査の対象となる確率は高くなっています。

(5) 個人事業主と比較して会社のお金を自由にできない

　個人事業主は，事業で使用しているお金とプライベートのお金を自由に出し入れできますが，法人の場合は，役員報酬や配当などの支払い以外は，貸し借りの関係ができてしまいます。特に，会社が役員にお金を貸し付ける場合は，利息を徴収しなければなりません。

6　その他の留意事項

(1) 交際費について

　第４章において，交際費について触れましたが，法人の場合は経費にできる１年間の交際費の金額に上限があります。
① 期末の資本金の額または出資金の額が１億円以下である等の法人※
　次のいずれかの金額を経費にすることができるため，いずれか有利な方を選択することができます。
　A.　接待飲食費の50％
　B.　800万円×（当該事業年度の月数（通常は12）÷12）
② ①以外の法人
　接待飲食費の50％を経費にすることができます（資本金の額が100億円を超える法人については，交際費は経費にすることはできません。）
　なお，外部関係者との飲食代で１人当たり5,000円以下のものは交際

費にしないことができます。その場合には，交際費に該当しないことを明確にするために，「会議費」という勘定科目に振り分けるようにしましょう。この場合，以下の項目を仕訳の摘要欄（または領収書の裏面）に記載することが要求されています。

- その飲食等に参加した人の氏名または名称およびその関係
- 参加者の人数

(2) 領収書・請求書等および帳簿書類の保存期間

　領収書などの証憑書類や帳簿書類の保存期間は，税法上は第8章で述べたとおり基本的には7年となっております。ただし，法人については，青色申告書を提出した事業年度で欠損金額（青色繰越欠損金）が生じた事業年度においては，10年間（平成30年4月1日前に開始した事業年度は9年間）となります。

　また，会社法上は決算書類，帳簿書類については，保存期間は10年と定められています。よって，株式会社・合同会社等により事業を行っている場合は，証憑書類や帳簿書類については10年保存する必要があります。

<table>
<tr><td>

第13章のまとめ

- ● 法人化すれば，税率差による節税のみならず，さまざまな節税策を実行することが可能になる
- ● 一般的に所得水準が700万円を超えたあたりから法人化を検討すると有利となるが，消費税の免税期間も考慮する必要がある
- ● コスト増しになるなど，法人化によるデメリットも事前に検討したほうがよい

</td></tr>
</table>

第14章
税務調査ってなに？　怖いもの？

本章では，何となく怖いイメージのある税務調査について解説します。人によっては，一生に一度経験するかしないかというのが税務調査なので，多くの納税者は税務調査への対応に慣れていません。
税務調査の実態を知らなければ，調査官の不当な指摘を受け入れざるを得なくなってしまうこともあります。ぜひ備えとして，税務調査のことを事前に知っておいてください。

Ⅰ　税務調査とは？

　皆さんは税務調査に対してどんな印象を持っていますか？　よい印象を持っている人は少ないかと思います。大勢の国税調査官が突然会社に乗り込んできて資料を押収していくなどを想像している方も多いのではないでしょうか。

　税務調査は大きく「任意調査」と「強制調査」に分けられます。大勢の調査官が突然会社に乗り込んでくる，というのは国税局の査察部（通称「マルサ」）により実施される強制調査です。強制調査というのは，多額の脱税が疑われ，悪質な隠蔽がなされている可能性がある，ほんの一部のケースで，実施されている税務調査のほとんどは任意調査です。

　本書で主に解説してきた所得税，法人税，消費税は自己申告制です。まずは，納税者本人が税額計算を行い，確定申告として税務署へ申告を行います。自己申告制だと，税金を実際よりも過少に申告するという人が出てくるため，それを正させるために，また，過少申告に対するけん制をするために，税務調査が必要となるのです。

　任意調査は，通常は事前に管轄の税務署の職員より電話連絡があり，税務調査の日時の提案があります。提案された日時について，都合が悪ければ，日程調整の交渉も可能です。そして，税務調査対象年度（通常は過去3年），対象税目，担当調査官などが告げられます。顧問税理士がいる場合は，顧問税理士へ直接連絡がいくこともあります。

　ただし，任意調査でも，事前予告を行うことにより仮装・隠蔽行為の可能性があると疑われる納税者については，事前予告なしの「無予告調査」が行われることもあります。飲食店などの現金商売を行っている業種は，無予告調査の対象となりやすいです。

　無予告調査で，国税調査官が突然訪れた場合，強制調査と勘違いする人は多いですが，あくまでほとんどは任意調査ですので，都合が悪ければ後日来てもらうよう交渉することは可能です。顧問税理士がいれば，顧問税理士に立ち会ってもらうことも可能です。

　なお，「任意調査」というと，拒否できると思われる方もいるかもしれませんが，納税者には受忍義務があり，正当な理由なく拒否した場合には罰則もあることから，実質的には拒否はできません。また，拒否してしまうと，何か隠しているのではないか？　と疑われてしまいますので，その後の調査に不利に働くことがあるので，拒否の姿勢は禁物です。

2　基本的には税務署員は紳士的です

　「税務調査が入って追徴を食らってしまった」という話を聞いたことのある方も多いかと思います。「追徴（ついちょう）」とは，計上できない経費を計上していたり，計上すべき収入を計上していないことが発覚した場合に，税金が追加で徴収されることを意味します。

　このような話を聞くと，税務調査官は税金を支払わせる恐ろしい人達ではないかと考える方もいらっしゃいますが，基本的にはそんなことはなく紳士的です。もちろん中には怖い人もいますが，どんな職業でも怖い人はいるものです。理美容師等の中にも，われわれ税理士の中にも一定数怖い人は存在しますよね。税務調査官が怖い人ばかりというようなことはありません。

　前述したとおり，税務署の調査は基本的には「任意調査」であり，納税者に協力してもらって調査を進めることが前提になっています。よって，調査官を含め，税務署員はわれわれ納税者に税金を「納めていただく」立場にあると考えて間違いありません。国の機関といえども無理矢理に税金を納めさせることはできないのです。

よって，脱税を行っていなければ，そこまで税務署員に対して恐ろしいイメージを持つ必要はないでしょう。

ただし，**税務署長には申告漏れなどがあった場合に，追加で税金を納めさせる「更正」という処分を行う権利がありますので，税務調査官の指摘を無視したり，罵ったりするような対応はやめたほうがよいでしょう。**

3　税務調査で見られやすいところ

税務署による税務調査は，中小規模の理美容事業者の場合は1日〜数日かけて1人または数人の調査官で行われることが多いです。大きな問題がなければそれほど長期に及ぶことはありません。ただし，事前に申告漏れなどが疑われる部分を「予習」して調査に来ますので，効率的に調査が進められると考えておいたほうがよいでしょう。

それではどの部分が税務調査で見られやすいのでしょうか。主に以下の項目になります。

(1)　売上の計上漏れがないか

売上については，厳しく計上漏れがないかのチェックが行われます。レジなどの記録はもちろん，理美容室やサロンの予約表などと帳簿に計上されている売上金額との照合により，売上の計上漏れがないか調べられます。

売上の計上漏れは，悪質だと判断された場合は脱税と認定され，重加算税など重いペナルティが課されることがあるので，日々の収入管理はきちんと行っておきましょう。現金売上に関しては，隠してもバレないだろうと考える人がいますが，予約表や消耗品などの納入業者との取引量から，店舗の売上金額の概算を計算されることがあり，

その概算額と実際に申告されている売上金額に大幅なかい離があれば，売上の計上漏れが発覚してしまうことがあります。

⑵　売上の計上時期の誤りはないか（いわゆる「期ズレ」がないか）

　青色申告でも白色申告でも，原則として売上の計上時期はサービス業であれば，サービスを提供した日とされます。クレジットカードでの売上や代金後払いの売上（掛売上）など，年末までのサービス提供分で翌年に代金の回収が行われる場合，その翌年の代金回収時点で売上を計上したときは，当年の売上の計上漏れと扱われます。

　「翌年に計上しているからいいじゃないか」という理屈は通りません（本来計上すべきタイミングで売上を計上していないことを，「期ズレ」といいます）。

　よって，**特に年末付近でのサービスに対する売上については，入金がなくてもすべて拾い上げて，売上を計上するようにしましょう。現金売上であっても，売上代金を口座へ預け入れた日に売上計上するという処理を行っている場合には，期ズレが起きやすいので要注意です。**

⑶　在庫の未計上はないか

　理美容事業者の中には，シャンプーや化粧品などの販売を行っている方もいるかと思います。それら**販売用の商品が，年末に残っている場合は，その購入費用は経費にできず，在庫，つまり棚卸資産として計上しなければなりません。**年末にある在庫を数えることを「棚卸」といいます。

　この棚卸が面倒だからという理由で，一部しか棚卸を実施していなかったり，全く実施していないという事業者は結構多いです。そのことを

税務署もよく知っており，棚卸を実施していなければ，年末に存在したであろう在庫の金額を，是正されます。

(4) 接待交際費，会議費，福利厚生費，旅費交通費などにプライベートの支出が含まれていないか

あらゆる業種における定番の調査項目です。経営者というのは，どうしてもプライベートの飲食代や旅行代などを経費として入れてしまいがちです。ただし，プライベートと仕事の境界線が曖昧な部分も多く，税務調査でも「ある程度は仕方ない」という考え方にはなるようですが，やはり不自然に飲食代や旅行代などが多いと，指摘されてしまいます。

個人的な支出とみなされないように，帳簿や領収書に一緒に飲食した人の名前や関係，何の目的での出張（旅行）かなど明記しておくとよいでしょう。なんとなく経費に入れていると，プライベートの支出と判断されてしまいます。

(5) 人件費

従業員を雇っている理美容事業者も多いかと思いますが，知人などに働いてもらったことにして給料を水増しする事業者は結構多いです。人件費は目に見えない経費であるため，やろうと思えば店舗で働いたということにして，嘘の給与を計上することができてしまいます。

ただし，タイムカードや賃金台帳などの給与関連の資料がきちんと備わっていないと，架空の人件費だと疑われてしまい，実態がない人件費とされれば否認されてしまいます。悪質な場合は脱税と認定され，重加算税など重いペナルティが課されます。

(6) 外注費

外注費は(5)の人件費と同様，目に見えない経費であるため，脱税に利

用されやすい項目です。同業者へ業務を依頼したということにして，その同業者へ支払った架空外注費を経費として計上し，後日，その同業者から現金で返してもらうといったことは，昔からよく行われている脱税の手口です。

　もちろん，税務署もそのような手口については熟知しているため，例えば外注先事業者への反面調査（調査対象者の取引先などに実施される税務調査）により，架空外注費が発覚してしまいます。

(7)　青色事業専従者給与が高額でないか

　要件を満たした家族に対する青色事業専従者給与（**第3章**参照）は節税になり，また身内に対する給与であることからどうしても高額になりがちです。その辺りもよく調査され，ほとんど業務を行っていないにもかかわらず高額な給与を支給している場合には，高額部分は経費として認められないことがあります。

　家族に対する給与であっても，同じような仕事を他人がした場合に支給される給与が水準となるため，青色事業専従者給与は適正な水準に抑えましょう。

　その他，下記のような項目もよく見られます。

- 従業員の給与や外注費について，正しい金額で源泉徴収されているか
- 固定資産や繰延資産として資産計上すべきものが，消耗品費として購入時に全額経費にされていないか

　よって，これらの項目については，特に注意して会計処理を行うようにしましょう。

4　税務調査の準備

　通常の任意調査は，事前に税務署から納税者本人または顧問税理士に
「○○月○○日頃に税務調査を行いたい」といった主旨の電話連絡があ
ります。このような電話があると，慌ててしまう方がいらっしゃいます
が，全く慌てる必要はなく，**税務署側が提案してきた日の都合が悪
ければ他の日を指定しても問題ありません。**

　ただし，常識的な日時を指定することが賢明です。通常，1〜2週間
後を指定してくることが多いのですが，1か月後くらいを指定しても問
題ないものの，半年後を指定した場合はよからぬ疑いをかけられても仕
方がありません。

　さらに，**焦って帳簿や領収書等を改ざんしたり隠蔽したりしよう
とする方もいらっしゃいますが，発覚すれば脱税の罪に問われる
ため，絶対にやめておいたほうがよいでしょう。**

　一方で，何もせずに税務調査に臨むこともよくありません。**請求書
や領収書をきちんとファイリングしたり，経理書類とは関係のない
メモ書き（付箋）などは処分したほうがよいです。**基本的には，調
査官より求められない資料まで準備しておく必要はないのですが，一般
的には以下の書類は必ず要求されるので当日までに揃えておきましょう。

　いずれも少なくとも過去3年分が求められます。

- 総勘定元帳
- 領収書
- 請求書
- 契約書
- 給与台帳

- 預金通帳
- 確定申告書
- 在庫表

　また，データ形式で保存してある書類やメールのやり取りが証拠となる場合は，事前にプリントアウトしておくと，スムーズに調査が進みます。

　基本的な考え方として，きちんと書類を整えておいて調査をスムーズに進めてもらい，早く帰ってもらうといった姿勢が望ましいです。変に時間稼ぎなどをしてしまうと調査が長引くこともあります。

　顧問税理士がいる場合は，必ず事前に相談してください。特に経験豊富な税理士は，調査をスムーズに進める術を知っています。そして**事前の相談だけでなく，必ず調査にも立ち会ってもらいましょう**。調査官の質問がどのような意味を持つのかを理解し，的確な対応を行ってくれます。

　また，調査官の言いなりになるようなことも防ぐことができます。税理士の立会いがない場合は，調査官に言いくるめられてしまい，払う必要がない税金まで払わされてしまうことがあります。

　調査官も短時間で成果を出したいと思っているので，勝手な理屈をつけて納税者を説得し税金を支払わせることがあります。

5　悪質な脱税が疑われる場合

　前節までで述べてきた税務調査は「税務署」による任意調査です。任意調査は事前に連絡があり，日時を決めたうえで調査官が調査に来ます。
　一方で，**多額で悪質な脱税が疑われる場合は，税務署ではなくその上部組織の「国税局」の職員が無予告調査または強制調査に来**

ることがあります。ちなみに，税務署を「支店」，国税局を「本店」ということがあります。全国11箇所の国税局に，518箇所の税務署がぶら下がっている組織から，あたかも本店と支店のように見え，また権限も国税局のほうが強力だからです。

　おおむね1億円以上の脱税が国税局による強制調査の対象になるといわれています。俗にいう「マルサ」（国税局査察部）の調査です。マルサの調査は裁判所の令状に基づくもので，ある程度の脱税の証拠を固めてから納税者のもとへ押しかけてきます。マルサの調査は任意調査ではなく，強制調査であり納税者の同意なしに行われます。税理士の立会いも許されていません。

　また，マルサと並んで恐ろしいとされているのが「リョウチョウ」（国税局課税部資料調査課）です。リョウチョウも多額の脱税が疑われる納税者がターゲットであり，マルサと異なり裁判所の令状なしに調査を実施します。リョウチョウの調査は任意調査ではあるものの，紳士的な税務署の職員とは異なり，有無を言わさず徹底的に調べられてしまいます。

　もっとも，多額の脱税を行わなければマルサやリョウチョウのお世話になることはないので，そこまで心配する必要はありません。国税庁が発表した平成28年度から令和2年度におけるマルサの処理件数は以下のとおりです。

	平成28年度	平成29年度	平成30年度	令和元年度	令和2年度
査察の処理件数	193件	163件	182件	165件	113件

　このことからも一握りの悪質な脱税が対象となっていることがわかります。

第14章のまとめ

- ● 一般的な税務調査は納税者の協力のもとに行われる任意調査でありそれほど構える必要はない
- ● 税務調査において売上，在庫，外注費，人件費，接待交際費などは特に要注意項目
- ● 税務調査当日までに，要求される可能性がある書類をきちんと整理しておくことがスムーズな調査につながる

第15章
脱税はバレますか？

この章では少し突っ込んだ内容に踏み込みます。結局，脱税をしたころでバレるの？　バレなければいいのでは？　脱税なんてみんな多かれ少なかれやっているんでしょ？

そのように思っている人は多いです。実際のところどうなのでしょうか？

本章では脱税について，詳しく解説します。

1 他人から領収書をもらった話を聞いたけど……

　第9章で述べた「節税」とは，税法上認められる範囲で税額を減らす手法であるのに対し，「脱税」とは故意に税法上認められる範囲を超えて税額を減らすことをいいます。

　具体的には，所得税・法人税では収入を隠したり，架空の経費を計上したりして，所得を不当に少なく見せることをいいます。ただし，節税と脱税の境界線は曖昧な部分が多いのも事実です。

「家族や友人の領収書をもらって経費にした」

　このような話を聞いたことがある方もいらっしゃるかもしれません。当然，このような行為は脱税に当たります。よって，後述するペナルティの対象となります。

　ただし，税務調査においては時間も人員も限られているため，すべての領収書を調べられるわけではありません。結果として，調査官に見つからないケースもあります。**そもそも，税務調査が入らなければバレる可能性はほとんどありません**。申告を行った納税者のうち，税務調査が入った割合を「実調率」といいますが，実調率は年々減少傾向にあり，平成28年度で法人は3.2％であり，個人に至っては1.1％という低い割合です。100人に1人なのです。よって，結果として見逃されている脱税も多いといえるでしょう。

　さらに，税務署の職員が減少していることから，実調率は年々減少傾向にあります。このことから，多少の脱税はやむを得ない，と国税側も考えているのではないでしょうか。

　ただし，やはり巨額で悪質な所得隠しなどについては，徹底的に調べ

られ，**発見された場合には後ほど述べるとおり，制裁を加えられて
しまいますので，安易な脱税は差し控えるべきでしょう。**

2　過去の脱税事件

　ここで，過去に起きた脱税事件の一例をご紹介します。

　2017年4月，東京国税局が横浜市で整骨院を経営する法人A社と，
その実質的経営者B氏を法人税法違反の疑いで横浜地検に告発したと
いう報道がありました。A社は現金で受け取った自由診療の施術代の
すべてを売上から除外し，所得を少なく見せかけた疑いがかけられまし
た。この売上除外により，2014年までの3年間で1億4,000万円余りの
所得を隠し，約3,900万円を脱税していたとのことです。脱税により得
られた不正な資金は，投資用マンションの購入費に充てられていたよう
です。

　接骨院は，医療機関のように一部保険診療が認められており，保険診
療に係る売上については，支払審査機関へ請求するため，売上を隠すの
は難しいと考えられます。一方，自由診療部分については100％患者の
自己負担であるため，現金の売上は証拠が残らないため隠すことができ
ると考えたのでしょう。

　なぜ脱税がバレてしまったのか，報道からは明確ではないのですが，
1つは予約表や顧客名簿など経理とは直接関係のない書類が見つかった
という可能性が考えられます。それらの書類から，売上の除外が発覚し
てしまったという可能性です。

　また，ホームページ等から，当接骨院が自由診療も行っているという
ことを把握し，自由診療分の売上が一切計上されていないところに目を
つけられたのかもしれません。さらに，脱税事件は従業員などの関係者
が国税庁へ情報提供を行った可能性も否定できません（いわゆる「タレ

212

コミ」)。

　加えて，A社またはB氏が投資用マンションを購入していたということから，その資金の出所を探ったところ，A社の利益やB氏の報酬だけでは足りないという憶測がついて，徹底的に調べられたのかもしれません。

　いずれにしろ，国税局はさまざまな情報を頼りに，脱税の証拠をつかんで告発を行ったのでしょう。

3　身近な脱税

　前節では，メディアで報道された脱税事件を取り上げましたが，**報道されないようなそれほど金額の大きくない脱税は巷にあふれています**。すでにご紹介した領収書の金額の書換えによる架空経費の計上，窓口現金収入の除外，他人の領収書をもらって経費にしてしまう手口はその一例ですが，他にも種々のものがあります。

　例えば，架空の人件費の計上です。アルバイトを雇ったように見せかけて，その架空の従業員に現金で給与を支払ったことにする方法です。その現金は，会社の口座から引き出されており，実際には誰の手にも渡らないので，裏金として蓄積されます。なぜアルバイトかというと，正社員だと社会保険に加入しなければならないため，もし社会保険の加入状況などを調べられた場合には，加入記録がなく架空の従業員だということが発覚してしまうからです。

　また，商品券などの金券を利用した脱税もあります。具体的には，商品券を購入し，それを贈答品としてお得意先などへ配布したように見せかけます。実際には，配布はせず自分の買い物などに使用するという手法です。これも架空経費の一種ですが，商品券番号などをたどれば簡単に発見されてしまいます。

　これらは脱税ではありますが，通常その金額が少額であることから，税務署もそこまで追跡することはなく，結果として見過ごされてしまうこともあります。ただし，**立派な犯罪ですので，やはり実行すべきではありません**。

4　税務署の権限

　脱税しても見つからなければよいのだろう。そのように考えている方へ税務署がどの程度の権限があるかこの節で紹介したいと思います。

　実は，税務署が行う通常の税務調査は「任意調査」です。あくまで任意ですので，強制ではないのです。ただし，拒否できるとした場合は，皆が税務調査を拒否してしまい，その結果正直に申告する人がいなくなってしまえば納税という制度は成り立たなくなります。

　そこで，国税通則法という法律において，調査官の求めに正当な理由なく応じない場合は，「1年以下の懲役又は50万円以下の罰金に処する。（国税通則法第128条）」とされており，実質的に調査には強制力が与えられています。そして，税務署には調査対象となっている納税者に対する調査権だけではなく，「**反面調査**」を行うことができます。

　反面調査とは調査対象者と取引関係にある者に対する調査で，理美容事業者の場合，理美容機器や消耗品の納入業者はもちろん，コンサルタントなどの外部者，さらには事業主の預金口座にまで及びます。自己の帳簿などは改ざんできても，外部者の帳簿や預金口座の入出金を改ざんすることは困難ですので，税務署の権限は強力なものといえます。

　さらに，14章でも述べたように税務署の上部組織である国税局は査察部という部署があります。いわゆる「マルサ」です。マルサには税務署よりも強力な強制調査権があり，これは裁判所の令状を得て強制的に行

われるもので，納税者は拒むことができません。

　ただし，マルサの調査対象となるのは1億円を超える悪質な脱税が疑われる案件に限られます。よって，よほどのことがない限り，マルサにお目にかかることはありませんが，知識として知っておいていただければと思います。

5　脱税のペナルティ

　では，脱税を行った場合には，どのようなペナルティが課せられるのでしょか。ぜひ知識として覚えておいたほうがよいでしょう。

　脱税が発覚した場合には，本来納める分だけ追加で納付すればよいわけではありません。制裁の意味が込められて，**「加算税」と「延滞税」が別途課される**ことになります。仮装や隠蔽などにより，本来納めるべき税金よりも少ない金額での申告を行った場合には，本来納めるべき税額に加えて，いわば脱税を行った罰則として35％の「重加算税」を払わなければなりません。

　加えて，「延滞税」という納税が遅れたことによる遅延利息としての意味を持つ税金も加算されます（延滞税の税率は，令和3年については納期限の翌日から2月を経過する日までの期間については年2.5％，それ以後は年8.8％となっています）。

　つまり，100万円の脱税が発覚した場合，本来の納期限から1年後に修正申告等を行い納税する場合には，100万円に加えて約43万円程度を追加で納めなければなりません。これが，**「脱税は割に合わない」**といわれるゆえんです。さらに，非常に悪質な場合は脱税による刑事罰も定められており，10年以下の懲役もしくは1,000万円以下の罰金またはその両方が科されることがあります。

　ちなみに，税務調査を受けて，脱税ではなくいわゆる「見解の違い」

や単なる誤りにより修正申告等を行う場合には，「重加算税」が課されることはなく，「過少申告加算税」という税金が課されます。これは，「重加算税」よりは悪質性は低いため，本来納めるべき税金の10％（当初申告した税額と50万円のいずれか多い金額を超える部分については15％）となっています。

　以上は，すでに行った確定申告の内容に問題があったケースですが，**そもそも確定申告を行っていない場合，つまり無申告の場合は悪質性が高いとされ，さらに厳しいペナルティが課されます。**

　無申告の場合で，かつ仮装や隠蔽が認められる場合には，納付すべき税額に加えて，40％の重加算税を支払わなければなりません。仮装や隠蔽が認められなければ，納付すべき税額に対して，50万円までは15％，50万円を超える部分は20％の「無申告加算税」が課されることになります。延滞税については，上述と同様です。

　無申告の場合，不正行為までは認められないということもありますが，その場合でも，意図的に申告期限までに確定申告書を提出せず納税を免れた場合は，5年以下の懲役もしくは500万円以下の罰金またはその両方が科されることがあります。

　さらに，脱税が発覚し修正申告を行った場合で，過去5年以内に同じ税目で無申告加算税または重加算税を課されたことがあれば，重加算税はさらに10％上乗せされ，確定申告を行っていた場合は45％，無申告の場合は50％となります。

　一方で，税務調査の通知を受けた後であっても，税務署から更正（税務署側から税額を訂正されること）や決定（無申告の場合に税務署側が税額を確定すること）の予知がなされる前に修正申告を行えば，過少申告加算税は5％（当初申告した税額と50万円のいずれか多い金額を超える部分については10％），無申告加算税は50万円までは10％，50万円を

超える部分は15％に軽減されます。

第15章のまとめ

- 少額の脱税は結果として見過ごされているものもある
- ただし，税務署の調査権限は強力で，過去の事例を見てもわかるとおり巨額で悪質なものは発見される可能性が高い
- 脱税が見つかってしまえば本来納めるべき税金の他に35％以上の加算税が取られてしまうため，「脱税は割に合わない」と認識すべき

第16章
税理士との正しい付き合い方

最終章である本章では，税理士との接し方や税理士
の見つけ方などを解説します。個人事業主は，ある
程度事業が拡大してくると，顧問税理士と契約する
ことが考えられます。また，多くの法人は税理士と
顧問契約などを結んでいます。
本章の内容を頭に入れておくと，うまく税理士を活
用できたり，自分に合う税理士を見つけることがで
きます。税理士との契約を検討している方はぜひお
読みください。

I　税理士を上手く利用しましょう

　理美容事業者は店舗を構えるようになると，経理に関する作業量が増えてくるため記帳や申告を税理士に依頼するケースが増えてきます。**税理士を上手く活用することが最大限の節税や，税金に対する正しい理解につながります。**

　そこで，本書の最後に税理士とどのように付き合えばよいか，税理士の立場から述べさせていただきます。

　そもそも税理士の本来の仕事をご存知でしょうか。

　法律上，税理士のみに認められているのは，以下の業務です（税理士の独占業務）。

- ●税務代理
- ●税務書類の作成
- ●税務相談

　「税務代理」は納税者に代わって税務署等へ税務申告などを行う業務で，税務調査の立会いもこの中に含まれます。

　「税務書類の作成」は納税者の確定申告書を作成したり，税務に関する届出書を作成する業務です。

　「税務相談」は税金の計算や手続について納税者の相談に応じる業務をいいます。

　上記以外にも税理士事務所が付随業務としてよく行っている業務としては，

- ●記帳代行（会計ソフトの入力代行など）

- 年末調整
- 給与計算

などが挙げられます。さらに，それ以外にも税理士としての経験を生かしてさまざまな業務を行っている税理士も存在します。

　通常はそれぞれの業務に報酬が発生しますが，税務相談は主に節税の知識を買うということであり，それ以外の業務はご自身でやると時間がかかることが多く，時間を買うということになるでしょう。得られる効果と報酬を比較し，効果が報酬を上回っている場合，税理士を上手く活用できているということがいえるわけです。

　最近はインターネットで税金の知識も無料で手に入る時代となり，そういった意味では税理士の仕事も減ってきているのかもしれません。ただしやはり税理士も専門家です。皆さんが理美容の技術に精通しているように，税理士は日々さまざまなケースに触れており，税金の考え方には慣れています。

　また書籍やインターネットの記事などは，どうしても節税などに関して保守的に書かざるを得ない面があります。**生身の税理士と直接面談していただくことで，書籍やインターネットでは得られない知識や知恵がきっと得られると考えています**（そうでないとわれわれの存在意義がないですよね）。

2　税理士とは対等な関係で

　税理士に業務を依頼すると報酬を支払う立場になることから，どうしても税理士に対して高圧的になる方がいます。もちろん，税理士業もお客様商売ですのでクライアントの要望にはできる限り素早く的確に応えるべきです。

220

　また，税理士がルーズだったり，レスポンスが遅かったりした場合は，きちんとその旨を伝えるべきです。ただし，税理士も人間です。高圧的な態度を取られて喜ぶ人はいません。皆さんも，お客さんに高圧的な態度を取られると決して良い気分にはならないはずです。

　一方で，税理士側が高圧的なこともあります。これは，税理士に対するクレームの内容としていつの時代も上位に挙げられています。**高圧的な税理士に対しては必要以上に気を遣うこともありません**。質問しづらいので気を遣ってたまにしか質問しないというのでは，税理士に依頼している意味がありません。

　よって，**高圧的でも，必要以上に気を遣うこともなく，税理士とは対等に付き合うことがベストだと考えます**。必要以上に仲良くなることもありません。適度な距離感も必要です。仲良くなり過ぎると甘えが出てしまう税理士もいますので。

　対等に適度な距離感を保って付き合うことが，税理士に最高のパフォーマンスを引き出させることに繋がります。

3　税理士の見つけ方

　最後に税理士の見つけ方について，私なりの見解を述べます。

　よくある方法としては，知り合いの紹介があります。紹介では間に知人が入って，その方からその税理士がどのような人柄か，どのくらいの報酬でやってもらえるかなどを聞くことができるため，安心できるかと思います。

　ただし，紹介でも例えば親戚のように近い間柄だと遠慮して言いたいことが言えなくなる可能性もあります。また，仮に相性が悪かった場合でも，紹介者の顔を潰してしまうこともあるため，安易に税理士を変更しづらくなることもあります。

　一方で，インターネットや書籍・雑誌など公にされている情報源からご自身に合いそうな税理士を検索するという方法があります。最近では，税理士紹介サイトなるサービスも非常に多くあります。

　検索するという方法は，選択肢が多く，また事前に相見積もりを取ることにより納得のいく価格での契約を行うことができます。ただし，事前に公表された情報しか判断材料がなく，契約してみたら高圧的だった，若くて頼りなかったということもよくあるようです。さらに，顧問料が安くてもいわゆる「安かろう悪かろう」だった，という話もよく聞きます。

　このように「紹介」も「検索」もメリット・デメリットはありますが，ご自身のスタンスとして税理士と深い関係を望むのであれば「紹介」が，それほど深い関係を望んでおらず最低限のことをやってもらえればよいというのであれば「検索」がよいのではないかと考えます。

　なぜなら，頻繁に税理士と面談を行うことを望んでいる場合は，自ずと税理士との関係も深くなる傾向にあります。相談事項が多くなり，プライベートなことまで詳しく話す機会も多くなります。プライベートなことを話す相手としては，深く親密な関係にある人がよいですよね。

　一方で，最低限のことを可能な限り低価格でやってもらいたいというのであれば，それ程深い仲になる必要もなく，また面談の機会も例えば年に1，2回になるケースも多くあります。その場合は，例え深い仲でなくとも十分に業務には事足りますし，最悪の場合は税理士を変更すればよく，また間に紹介者もいないことから変更しやすいでしょう。

　このように，ご自身のお考えによって税理士を見つけていただければ失敗も少なくなるでしょう。

　また，紹介の場合でも検索の場合でも，税理士選びのポイントは以下のとおりです。

⑴ 業務内容に見合った報酬となっているか

　先に述べたとおり，税理士の業務もさまざまでその依頼範囲に応じて報酬が決まってきます。当然，数多くの，また複雑な業務を依頼すればそれだけ税理士の稼働時間と責任も増え，報酬が高くなります。要はトータルの報酬はいくらか，ということではなく，どこまで業務を依頼していくらか，という点に着目しなければなりません。

　多くの業務を依頼し，多くの報酬を払えば，通常は得られる効果も高いです。最低限の業務をリーズナブルな価格で依頼すれば効果も限定的でしょう。つまり費用対効果を考えましょうということです。

⑵ 節税意識が強いか，経営的なアドバイスができるか

　税理士は確定申告書の作成や記帳代行などの「作業」のみを行っていればよい。そのように考えている税理士は意外と多いです。

　そのようなタイプは，作業はきっちりやるのですが，節税に関するアドバイスや，売上の向上や経費削減に繋がるような経営的なアドバイスができない人が多いです。皆さんとしては，作業はきっちりやるのは当たり前で，それに加えて節税策や経営的なアドバイスを望まれていると思います。そのようなアドバイスを適時に行ってくれる税理士がパートナーとして望ましいといえるでしょう。

⑶ 親身になってくれるか

　これは税理士の性格的な要素にもよるかもしれませんが，やはり親身になって相談に乗ってくれるほうがよいでしょう。自分の都合や，自分の考えだけを押し付けるようなタイプは税理士だけではなく，あらゆる専門家で一定数いるものです。

　自信の表れがそのような言動に繋がっているかと思われますが，避け

たほうがよいでしょう。誰のために仕事を行っているのかわからなくなります。

(4)　レスポンスが早いか

今の時代は，情報伝達手段の半分以上はメールやチャットツールが使用されています。ただし，いまだに慣れていないのか面倒に思っているのかメールなどの返信が遅い税理士も多いです。

そのようなタイプはだいたい仕事も遅く，時間に追われているような方が多いです。何より，レスポンスが遅いとビジネスチャンスを逃すことにもなり兼ねません。メール等についてはできれば即日，遅くとも2，3日以内には何らかの返答をしてくれる税理士を選ぶべきです。

(5)　求める専門性を備えているか

皆さんに得意分野があるように，税理士にも専門分野や得意・不得意があります。というのも，税理士の数は年々増加の一途を辿っており，競争が激しくなっているためです。つまり「食べていけない」税理士も増えてきているのです。

このような中，顧客を獲得していくには専門性を身につけて他の事務所との差別化を図るか，顧問料を引き下げるかしか手段がないのです。

「専門性」というのは，税理士の世界では特定の業種やサービスに特化することや，特定の税目に特化することなどを意味します。特定の業種に特化している例としては，不動産業に強い税理士，飲食店に強い税理士などです。可能であれば，**皆さんとしては理美容事業に強い税理士を選択すべきです**。

ある特定の業界に強いということは，その業界におけるさまざまな経験を備えており，その業界特有の節税に加えて経営的なアドバイスなどを期待することができます。

　特定のサービスに特化している例としては，創業融資に力を入れている，M&A（買収など）関連のサービスしか行っていない，海外進出のコンサルティングに強みがあるなどといったタイプです。これらも場数が物を言いますので，そのようなサービスを期待しているクライアントに頼りにされています。

　特定の税目に特化している例としては，代表的なものが相続税などの資産税に特化している事務所が挙げられます。相続税という税目は特殊な税金であり，所得税や法人税，消費税などと全く体系が異なります。よって，**相続税の申告などをお願いする場合には，毎年数多くの申告を行っており，相続対策にも強い税理士に依頼するべきでしょう。**

　税理士は全国に7万人以上います。ご自身に合う税理士を見つけるために，ぜひ複数の税理士と時間をかけて面談し，納得いくまでご検討ください。

第16章のまとめ

● 税理士は税金に関しては専門家でありインターネット
　などでは得られない知識や知恵を備えており，きちん
　とした税理士と契約することにより顧問料以上の効果
　が得られる

● 税理士とは対等な立場で付き合うことが税理士に最高
　のパフォーマンスを引き出させる

● 税理士の見つけ方としては紹介による方法と検索によ
　る方法があるが，いずれの場合でもきちんと面談を行
　い，求める要素を備えているかを見極めるべき

あとがき

　本書の執筆のきっかけとなったのは，私のカットを担当してもらっている美容師さんが「フリーランスの美容師が最近増えていて，そういった人たち向けの本がない」とおっしゃっていたことです。

　確かに，美容師，エステティシャン，マッサージ師などは，店舗に雇用されずにフリーランスとして，いわゆる「面貸し」で仕事を行っている人は最近増えています。そのような理美容事業者には，税理士もついていないことも多く，税金面で困ることも多いというのは容易に想像できました。少しでもそういった方たちの悩みを解消できればと思い，本書の執筆を進めました。

　本書は税金について初めて関心を持った理美容事業者を想定して，なるべくやさしい言葉で書いたつもりですが，それでも税金の世界は独特な部分があるので理解し難い部分もあったかもしれません。税法の文言はわれわれ税理士でも読み解くのが難解な部分も多く，税理士ではない方なら，なおさら理解することは難しいでしょう。

　また，税金のルールは理屈が曖昧な部分が非常に多くて，取っ付きにくく感じた方もいらっしゃるでしょう。理屈が曖昧なのは，多くの税法のルールが本音では「節税の封じ込め」を主な目的としているためです。理屈云々ではなく，税法の抜け道を探して不当な節税や，還付請求を行う人が後を絶たないため，そのような抜け道を塞ぐために税法は毎年改正されます。税制改正の趣旨で「課税の公平のため」といわれるのは，言い換えるとそのような事情があるのです。

　このように理解し難い税金のルールですが，ざっとでもよいので本書

を何度か読んでいただき，必要に応じてお知り合いの同業者や顧問税理
士と税金についてお話していただくうちに，きっと理解していただける
かと考えています。

　細かい確定申告書の書き方などは，他の多くの書籍で触れられていま
すし，国税庁のホームページでも無料で利用できる確定申告ツール（確
定申告書等作成コーナー）が用意されており，そちらに従っていただけ
れば比較的簡単に確定申告書が作成できるようになっています。よって，
その辺りは思い切って割愛させていただきました。

　重要なことは税金を正しく理解することだと考えており，その部分を
重点的に解説したのが本書です。著者のクライアントの中にも，ご自身
で間違いのない完璧な確定申告書を作成される方もいらっしゃいます。
そのような方に共通していえることは，税金の基本的な部分をきちんと
理解しているということです。

　"税金は取れるところから取る！"

　そんな考え方が根強いわが国では，今後も主に高額所得者に対する増
税がどんどん進められていくことでしょう。高齢化社会の進展により，
今後も急激に医療費が誇張していくことになりますが，財政悪化を止め
る手段として真っ先に挙がるのが増税です。そんな大増税時代に負けな
い知恵を本書を通じてつけていただければ非常に嬉しく思います。

　最後までお読みいただきありがとうございました。

──────── 著者紹介 ────────

永井　圭介（ながい　けいすけ）

2002年3月慶應義塾大学法学部法律学科卒業。

2003年10月大手監査法人に入所。上場会社・上場準備会社の会計監査に従事。

2009年7月永井圭介公認会計士・税理士事務所を創設し，独立。

中小企業を中心とした税務・労務関連サービス，経営コンサルティングに従事しており，税務調査対応やベンチャー企業の税務を得意とする。

YouTubeチャンネル「税理士ナガイ」では，定期的に節税や確定申告に関する動画を配信中。初心者にもわかりやすい解説が好評で，順調にチャンネル登録者数を伸ばしている。

著書に『これ一冊で十分！ドクターが知っておくべき税金の知識』（中央経済社）がある。

これ一冊で十分！
理美容事業者が知っておくべき税金の知識

2022年2月20日　第1版第1刷発行

著　者　永　井　圭　介
発行者　山　本　　　継
発行所　㈱中　央　経　済　社
発売元　㈱中央経済グループ
　　　　パブリッシング

〒101-0051　東京都千代田区神田神保町1-31-2
　　　　　　電話　03(3293)3371(編集代表)
　　　　　　　　　03(3293)3381(営業代表)
　　　　　　https://www.chuokeizai.co.jp
　　　　　　印刷／㈱堀内印刷所
　　　　　　製本／㈲井上製本所

© 2022
Printed in Japan